2012 年浙江省软科学课题 （2012C35011）

温州学术文库

大学生创业指数研究

——基于《全球创业观察中国报告》

谢敏　王积建　杨哲旗　等◎著

中国社会科学出版社

图书在版编目(CIP)数据

大学生创业指数研究／谢敏，王积建，杨哲旗等著. —北京：中国社会
科学出版社，2013.6（2014.3 重印）

ISBN 978 – 7 – 5161 – 2862 – 6

Ⅰ.①大… Ⅱ.①谢…②王…③杨… Ⅲ.①大学生—创造
教育—研究—中国 Ⅳ.①G640

中国版本图书馆 CIP 数据核字(2013)第 135216 号

出 版 人	赵剑英
责任编辑	冯春凤
责任校对	冯恩成
责任印制	王炳图

出 版	中国社会科学出版社
社 址	北京鼓楼西大街甲 158 号 （邮编 100720）
网 址	http：//www.csspw.cn
	中文域名：中国社科网 010 – 64070619
发 行 部	010 – 84083685
门 市 部	010 – 84029450
经 销	新华书店及其他书店

印 装	北京君升印刷有限公司
版 次	2013 年 6 月第 1 版
印 次	2014 年 3 月第 2 次印刷

开 本	710×1000 1/16
印 张	16.5
插 页	2
字 数	215 千字
定 价	49.00 元

凡购买中国社会科学出版社图书，如有质量问题请与本社联系调换
电话：010 – 64009791

目　　录

前　言

　　创业对国家经济增长的贡献不仅表现在经济总量、经济效益的增长上，也表现在改善就业、创造新的就业岗位和推动技术创新上，表现在对国民素质的改善方面。初生企业和新企业代表着社会发展的未来前景，因而，加深对早期创业活动的认识具有非同寻常的意义。在全国创业观察内容之中，对大学生创业动机、能力、行为以及创业教育教学方面的了解更具有典型意义。另外，创业教育是联合国教科文组织在研讨面向 21 世纪国际教育发展趋势时提出的一个全新的号召，它赋予了大学教育新的使命——培养创业人才。浙江是一个民营企业资源丰富的地域，企业家人才众多，企业家精神被广泛传播。因而，大学生创业与创业教育对浙江民营企业持续发展具有非同寻常的意义。

　　对浙江省大学生创业的观察是中国创业观察的一个局部，对该部分的指数研究是观察的一个汇总，我们的研究基于清华大学中国创业研究中心的《全球创业观察中国报告》进行，其重点更是对浙江省大学生创业的观察。"全球创业观察"（Global Entrepreneurship Monitor，简称 GEM）项目是由美国百森商学院、伦敦商学院发起，它组织了国际上在创业领域最优秀的大学研究小组共同参与，旨在研究全球创业活动的态势和变化，创业与经济增长之间的作用机制，发掘国家创业活动的驱动力，以及对国家创业政策做出评估。该项目已进行了 11 年，它是当今世界唯一的全球创业研究项目。目前，参与项目的有 40 多个国家和地区，中国唯一的责任单位系清华大学中国创业研究中心。

从国内外研究现状和发展趋势看，未见国外有对中国大学生创业指数研究的报道，国内大学生创业指数系统调研最早见之于报道的是 2007 年上海大学等上海六所大学联合进行的研究，然而研究成果未能得到人们普遍的认定和沿用，其后续成果也未再出现；北京航空大学等对"中国大学生创业指数"也开展了多年的研究，但其成果也久久未能以报告形式见之于报道。据了解，上海、北航的研究体系与权威性选择上过于创新，独创性过多强化了这一研究的难度与普识度。2011 年，以浙江工商大学为主在杭州进行毕业大学生创业指数的调查与研究，因对象为已毕业学生，所以它只能说是对大学生创业指数的一个局部研究。本研究在清华大学中国创业研究中心国家自然科学基金项目（70571043）《全球创业观察中国报告》基础上展开，即在 GEM 框架下进行调研（GEM 系美国百森商学院与伦敦商学院发起的有 40 多个国家参与的全球创业观察分析体系，参与者与发起者的权威性与数量保证了研究基础的权威性与普识度）。清华大学中国创业研究中心在高建、程源、李习保等教授团队努力下从 2002 年开始至今每一到二年发布一份《全球创业观察中国报告》，其所反映的中国创业现象以指数形式汇总分析已有十年的历史，被各部门大量引用，具有相当的权威性。由于本书的独特层面（以浙江省大学生创业研究为主），使得本书具有适度的新的内容。

创业企业是企业的未来，国家教育部门十分重视对大学生创业及创业教育的推动和研究。教育部创业教指委在 2011 年长沙召开的年会中讨论了如何发展与规范大学生创业及创业教育的问题。我们认为，加深对早期创业活动的认识非常重要，而及早编制出合适的指数体系是搞好这项工作的重要基础。

从研究开发的内容来说，主要有如下几点。

一　理论框架与基本概念

本研究基于 GEM 理论框架进行。GEM 把创业看成是一种过程化的活动。从产生创业动机到启动创业活动仅仅是创业过程的开始，创办企业以后会有很多不断发生的不确定状态需要创业者去面对和处理。因此，对创业活动的观察需要体现创业的过程化特征。一般地说，把个人创业过程分解为三个环节（见图 0—1）。

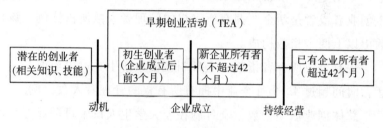

图 0—1　个人创业过程

一是潜在的创业者产生创业动机，并可能在有机会时导致创业行动；二是产生创业行动后，在创业初期表现出的早期创业活动，这个时期分为企业成立后前 3 个月的初生创业者和不超过 42 个月的新企业所有者；三是运营超过 42 个月的已有企业所有者，这些人已经走上了持续经营之路，已经不成为重点研究对象。不过，成立三年半的企业是不能作为成熟企业来看待的，所以也要关注早期创业之后创业企业的创业者的状况。

对创业者的界定。在 GEM 的理论框架中，创业者的含义相对宽泛，它指：（1）被调查者自己或者与他人一起创办企业；（2）被调查者自己或者与他人一起为雇主开展一项新生意或者建立一个新企业；（3）被调查者自己或者与他人一起拥有了一家公司并由被调查者负责经营。其他最重要的创业活动指数及其定义如下（鉴于我们研究对象的特定性，人口的年龄意义已显得不重要，一概可被"全日制在校大学生"概念取代）。

初生创业者指数：全日制在校大学生人口中目前初生创业的人所占比例。这些人是那些积极参与到其拥有或者共同拥有的一个企业中去，且运营时间不多于3个月。

新企业所有者指数：全日制在校大学生人口中当前是一个企业中的拥有所有权的管理者人数比例。这些人拥有并管理一个正在运营的公司，且运营时间多于3个月少于42个月。

早期创业活动指数：全日制在校大学生人口中目前或者是初生创业者或者是新企业拥有所有权的管理者人数所占比例。该指数由以上两个指数构成。

现有企业所有者指数：全日制在校大学生人口中当前是一个运营时间超过42个月企业中拥有所有权的管理者人数比例。

总体创业活动指数：全日制在校大学生人口中目前或者是参与早期创业活动或者是现有企业拥有所有权的管理者人数所占比例。

创业动机及由此形成的企业被区分为两类，一类是生存动机，是指创业者把创业作为其不得不做出的选择，因为其他选择不是没有就是不满意，创业者必须依靠创业为自己的生存和发展谋求出路，由此导致的创业活动被称为生存型创业；另一类是产生于机会的动机（是指创业者把创业作为其职业生涯的一种选择，看到有比目前工作机会更好的创业机会而选择创业），由此导致的创业活动被称为机会型创业。

在创新活动中的几项重要比较。产品的新颖性：机会型初生企业提供创新产品或服务的比例与生存型初生企业相比是否更多；市场的竞争性：生存型初生企业面临的市场竞争比机会型初生企业是否更为严峻；技术或工艺的新颖性：机会型初生企业比生存型初生企业是否更加注重新技术的采用；增长潜力：机会型初生企业比生存型初生企业是否明显高。

必须调查的几项重要指标：创业者特性（性别、年龄、受教育程度、行业分布）、创业者特征与创业类型、创业机会、创业动机、创业技能、高成长型创业（GEM 研究了两类情况：高预期创业活动，指针对初生企业和新企业，其有望在未来 5 年内拥有至少 20 个雇员，演变成高成长型创业活动；高成长型创业活动，指企业创办时间已经超过 42 个月，现有雇员超过 20 人）等。

作为 GEM 理论框架的补充，本书把大学生创业指数分为学生的创业指数与创业教育教学指数两大类，强调创业教育教学内容的原因是因为它对大学生的创业的形成与变化起着决定性的作用。

二　基本内容

本期指数体系包含的大学生创业基本问题有五大内容：创业态势和特性、创业机会与能力、创业环境、创业金融和投资、创业带动就业效应。套用《全球创业观察中国报告》指数进行。

创业态势和特性。通过对创业过程的分解，主要汇总和研究创业活动过程的阶段表现，探索创业活动是怎样活跃的问题，分析创业企业的创新活动及创业转型的情况，描述创业者的特征和创业类型。

创业机会与能力。阐述了对创业机会、创业动机、创业技能的定义，主要汇总和研究创业活动中机会、创业动机与技能的情况。根据《全球创业观察中国报告》的多年分析，在创业技能方面中国处于明显的劣势地位，所有评分均低于中位数，低于GEM 参与国家和地区的平均水平，从而使得面对众多机会人们却缺乏有效把握的能力。

创业环境。了解创业环境因素对创业活动起着积极的作用，促进较多创业机会的产生和创业能力的提升。一旦创业机会和创业能力有效结合，就会产生大量的创业活动，会不断地有新的公司诞生，有企业新的增长点出现，创造大量的就业机会，为社会积累财富，最终促进社会发展与经济增长。环境条件中有一般环境条件与创业环境条件之分，我们重点研究创业的环境条件，即对创业活动产生直接影响的金融支持、政府政策、政府项目支持、教育与培训、研究开发转移效率、商业和专业基础设施、进入壁垒、文化和社会规范等。

创业金融和投资。新创企业的资金来源主要有三种：一是创业者自有资金投入；二是非正式投资（informal investment），主要针对除创业者以外的私人权益投资的情况，包括家庭、朋友以及愿意对创业者投资的陌生人；三是创业资本投资（venture capital）。创业者自有资金投入比例、非正式投资者的成分及个人特征分布、预期回报、创业资本投资占比及偏好等都需要汇总与研究。

创业带动就业效应。新企业的创立以及经济增长的关系已经成为众多学者和政策制定者的关心主题，由于新技术的使用，使得规模经济的重要性有所下降，创新节奏的加快以及产品、科技生命周期的缩短，使得创业者与小企业更加受到青睐，因为它们在变化的环境中容易应变。创业企业对于产生就业岗位以及工作的质量都有直接的影响。创业企业的工作岗位数常常用于衡量创业企业带动就业的情况。而提供工作岗位的质量，则通过提供被雇佣者报酬的数目进行衡量，其中最常用的是工资水平、福利等。总的来说，目前创业的活跃程度对就业的带动作用已经成为学术界共识，但这种带动作用往往要在一段时间之后才能显现出来。此外，机会型创业企业与生存型创业企业在带动就业的作用与形式上也会有所不同，对于这一内容也将予以必要的研究分析。

本期指数体系包含的创业教育教学基本问题有七大内容：创业教育课程、工学结合、学校创业环境条件、专业指导教师队伍的量与质、创业教育理念、创新特色、创业成就。

创业教育课程。主要观察关于企业创办、提升创业技能方面课程的完整性，教育面的广度与专业特色教育。评价课程是否体现了创业教育与学校设置专业的相关性，是否有利于在校生选择创业路径或提升学生的创业意愿。

工学结合。主要观察学校教育教学过程中是否重视课程内容的应用环节，是否引进企业等校外成员来指导本校学生创业，是否重视专业的社会化程度，是否面向社会服务。

学校创业环境条件。主要观察各院校对于创业教育的硬件配置与文化环境条件。其中包括场地、资金、产业的关联度、对创业学生的支持政策及构建的文化规范。

专业指导教师队伍的量与质。主要观察创业学生与专业指导教师的比例，专业教师进行创业指导的时间，具有企业管理经历且能进行创业教育的教师量，创业学生对教师作用的评价。

创业教育理念。主要观察学校教育理念中是否有以创业为导向的内容，是否经常组织学生参与创业竞赛，对创业有成就的学生给予必要的表彰，对于热衷创业的教师予以理解与支持。

创新特色。主要观察学校对于机会型创业支持特色，对高成长型创业企业的政策倾斜，从政策上表现出来的对知识产权的重视程度，对新型创业模式的关注。

创业成就。主要观察是否进行特色教育从而培育出特色创业企业或企业群，是否由于对创业的支持形成较多的知识产权，是否在参与校外各级创业竞赛活动中有较高的得奖率，获得高级别表彰的情况，学生对学校创业教育的满意度。

另外，我们在以此指数为基础而进行的调查方式、统计口径等方面将尽量与 GEM 保持一致；汇总分析着重于对创业教育的意义；指数设计具有开放性，即并不把这次框架作为固定的模式，而是作为发展的模式，让它随认识的深刻、形势的变迁而变更或充实相应的内容。

　　作为浙江工贸职业技术学院的课题组，各章分别由一个老师负责，按编写顺序分别是：谢敏、王积建、汪玉霞、万建华、成荣芬、项光春、金秀金、杨哲旗、邹文平、叶丹丹、李连弟、刘颖君，谢敏负责课题设计，王积建负责统计建模，杨哲旗负责调查等工作。此外，何向荣教授、贺星岳研究员、邱开金教授、金子木高级讲师、台新民教授等从自己专业的领域提供了指导，王英兰、刘锋等在很多具体工作上提供了重要的帮助，在此一并表示感谢。

作者

2012 年 12 月

第一章 大学生创业态势与特性：
指数确定

创业企业预示着社会经济发展的未来，对大学生创业情况的观察则是对未来经济发展内容中最具有预示性内容的了解。对大学生创业态势与特性的剖析有利于了解大学生创业的活跃程度与方向，从指数上表述这一内容需要通过对创业过程的分解、汇总和研究创业活动过程的阶段表现、探索创业活动的活跃程度，此外，还需要分析创业企业的创新活动及创业转型的情况，描述创业者的特征和创业类型。为了叙述方便，把这些内容归并为如下三大内容：对创业活动过程的分析、对创业类型及创业转型情况的分析与对创业活跃程度与创新的分析。

清华大学的高建、程源、李习保等在《全球创业观察中国报告（2007）——创业转型与就业效应》中对中国创业态势与特性做了概括性的研究，刘宗让在《商场现代化》杂志发表了《浙江创业活动活跃度比较分析》等文章，他们对浙江创业活动活跃度进行了一些分析。其他关于"创业态势与特性"的文章尚不在少数，但从指数层面直言大学生创业态势与特性的论文未能检获。

第一节 对创业活动过程的分析

一 对过程的确定

对创业活动的整体观察首先需要体现创业的过程化特征，

根据 GEM 的道理，把个人创业过程分解为三个环节（见图1—1）。

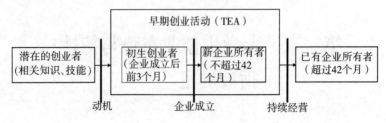

图1—1　个人创业过程分解图

一是潜在的创业阶段，潜在的创业阶段存在潜在的创业者，他们产生了创业动机，并可能在有机会时导致创业行动；二是产生创业行为后，在创业初期表现出的早期创业活动，这个时期分为企业成立后前三个月的初生创业者和不超过 42 个月的新企业所有者；三是运营超过 42 个月的已有企业所有者，这些人已经走上了持续经营之路，已经不成为重点研究对象。不过，成立三年半的企业是不能作为成熟企业来看待的，所以也要关注早期创业之后的创业企业的创业者的状况。

从过程上研究创业活动其最基本的工作就是把创业活动从时间意义进行展开，把创业者从时间上给予定义，由此划定的创业者为三种：潜在的创业者、新企业所有者、已有企业所有者。对于大学生来说，他们一般处于第一与第二阶段，所以，了解重点自然也在这两个阶段。

二　对基本概念的界定

GEM 理论对创业者的界定。在 GEM 的理论框架中，创业者的含义相对宽泛，它指：①被调查者自己或者与他人一起创办企业；②被调查者自己或者与他人一起为雇主开展一项新生意或者建立一个新企业；③被调查者自己或者与他人一起拥有了一家公司并由被调查者负责经营。

作为对大学创业活动整体的了解，应当对基于"全员"或"总体"这一整体成员概念所反映的一个个局部情况进行分类描述，有必要对下面几个最重要的创业活动指数予以定义（鉴于我们研究对象的特定性，人口的年龄意义已显得不重要，一概可被"全日制在校大学生"概念取代）。

潜在创业者指数：全日制在校大学生人口中产生了创业动机，并可能在有机会时导致创业行动的人所占比例。

初生创业者指数：全日制在校大学生人口中目前初生创业的人所占比例。这些人是那些积极参与到其拥有或者共同拥有的一个企业中去，且运营时间不多于3个月。

新企业所有者指数：全日制在校大学生人口中当前是一个企业中的拥有所有权的管理者人数比例。这些人拥有并管理一个正在运营的公司，且运营时间多于3个月少于42个月。

早期创业活动指数：全日制在校大学生人口中目前或者是初生创业者或者是新企业拥有所有权的管理者人数所占比例。该指数由以上两个指数构成。

现有企业所有者指数：全日制在校大学生人口中当前是一个运营时间超过42个月企业中拥有所有权的管理者人数比例。

总体创业活动指数：全日制在校大学生人口中目前或者是参与早期创业活动或者是现有企业拥有所有权的管理者人数所占比例。

三　从过程分类的大学生创业活动指数

从过程角度对大学生创业活动指数进行分类，它所包含的内容可由指数汇总表表达（见表1—1）。

表 1—1　　　　　　从过程分类的大学生创业活动指数内容

序号	大学生创业活动过程主要指数	含义
1	潜在创业者指数	全日制在校大学生人口中产生了创业动机，并可能在有机会时导致创业行动的人所占比例
2	初生创业者指数	全日制在校大学生人口中目前初生创业的人所占比例。这些人是那些积极参与到其拥有或者共同拥有的一个企业中去，且运营时间不多于 3 个月
3	新企业所有者指数	全日制在校大学生人口中当前是一个企业中的拥有所有权的管理者人数比例。这些人拥有并管理一个正在运营的公司，且运营时间多于 3 个月少于 42 个月
4	早期创业活动指数	全日制在校大学生人口中目前或者是初生创业者或者是新企业拥有所有权的管理者人数所占比例。该指数由初生创业者指数与新企业所有者指数两个指数构成
5	现有企业所有者指数	全日制在校大学生人口中当前是一个运营时间超过 42 个月企业中拥有所有权的管理者人数比例
6	总体创业活动指数	全日制在校大学生人口中目前或者是参与早期创业活动或者是现有企业拥有所有权的管理者人数所占比例

　　上述六个指数系指从时间（过程）角度（亦反映着参与创业企业活动的深度）进行的对创业者人数总量的分析。其实，第一个指数——潜在创业者指数——并不具备显性要件，所以它并不能被总体人数所包括。鉴于初生创业者、新企业所有者与现有企业所有者是创业者人数中最基本的元素，它们对学校整体创业发展的影响力与对当事人行为影响的稳定性有着显著的差别，这些不同类型的参与者形成的难易程度也显著不同。于是，可以通过主观判断分别给予 0.1、0.3、0.6 计价权重，从而得到表 1—2。

表 1—2　　　　　　　从过程分类的大学生创业活动指数内容

序号	大学生创业活动过程主要指数	含义	权数
1	潜在创业者指数	全日制在校大学生人口中产生了创业动机，并可能在有机会时导致创业行动的人所占比例	0
2	初生创业者指数	全日制在校大学生人口中目前初生创业的人所占比例。这些人是那些积极参与到其拥有或者共同拥有的一个企业中去，且运营时间不多于 3 个月	0.1
3	新企业所有者指数	全日制在校大学生人口中当前是一个企业中的拥有所有权的管理者人数比例。这些人拥有并管理一个正在运营的公司，且运营时间多于 3 个月少于 42 个月	0.3
4	早期创业活动指数	全日制在校大学生人口中目前或者是初生创业者或者是新企业拥有所有权的管理者人数所占比例。该指数由初生创业者指数与新企业所有者指数两个指数构成	0.4
5	现有企业所有者指数	全日制在校大学生人口中当前是一个运营时间超过 42 个月企业中拥有所有权的管理者人数比例	0.6
6	总体创业活动指数	全日制在校大学生人口中目前或者是参与早期创业活动或者是现有企业拥有所有权的管理者人数所占比例	1

第二节　创业企业类型及转型的情况

一　创业企业的类型

根据 GEM 基本理论，创业企业通常由创业动机进行分类。创业动机及由此形成的企业被区分为两类，一类源于生存动机，它是指创业者把创业作为其不得不做出的选择，因为其他选择不是没有就是不满意，创业者必须依靠创业为自己的生存和发展谋求出路，由此导致的创业活动被称为生存型创业；另一类源于产生于机会的动机，它是指创业者把创业作为其职业生涯的一种选择，看到有比目前工作机会——或单纯只是读书不搞创业——更好的创业机会而选择创业，由此导致的创业活动被称为机会型创业。显然，因为机会型创业对于社会未来发展的积极意义远大于生存型企业，所以区分这两种创业企业具有重要的研究价值。于是相应地，通过主观判断分别给予 0.3 与 0.7 计价权重。它对企业数的质的影响力给予了定量表达。

根据 GEM 基本理论，创业企业通常还由创业企业的成长性情况来分类。创业的成长性情况及由此形成的企业被区分为两类，一类基于低成长性表现，它是指创业者所在的企业完整雇佣人数（40 周，每周 40 小时工作量，即每年 1600 小时工作量为一完整雇佣人数）在设立后的一年时间内人数不足 20 名；另一类基于高成长性表现，它是指创业者所在的企业完整雇佣人数在设立后的一年时间内人数达到或超过 20 名。显然，因为高成长型创业企业对于社会未来发展的积极意义远大于低成长型创业企业，所以区分这两种创业企业具有重要的研究价值。当然，从现实的企业成长含义上来说尚有资本的成长、技术的成长、影响力的成长等内容。我们仍然认为，作为指数设立的初级阶段，为明白与简要，以雇佣量的成长指标进行分类具有相对合理性。鉴于高成长型创业企业与低成长型创业企业对学校整体创业发展的影响力有着显著的差别，这些不同类型的参与者形成的难易程度也显著不同。于是相应地，通过主观判断分别给予 0.3 与 0.7 计价权数。它对企业数的质的影响力给予了定量表达。

二　创业企业的转型情况

首先，创业企业的转型情况指的是生存型创业向机会型创业的转型。一般而论，机会型创业企业向生存型创业企业的转型并不典型，不符合社会发展的正常形式，在社会上这类情况或许值得研究，但在积极意识浓厚、发展资源丰富的大学环境中就显得不典型了。鉴于事实上存在这种类型，所以也有必要对这种类型的转型情况进行反映，我们可以把这一类转型称为"逆向转型"。人们研究的重点应该是生存型创业企业向机会型创业企业的转型，我们可以称之为"正向转型"，或简单称之为"转型"。

从生存型创业企业向机会型创业企业的转型首先得确定两种类型企业的原来存量；其次，是反映生存型创业企业向机会型创业企业的转型量与转型比率，转型率反映着学生创业质量的调整速率。如确有逆向转型的情况，则可考虑冲抵正向转型数值。

其次，创业企业的转型情况还包括创业企业由低成长型企业向高成长型企业的转型或相反。在新的一年度内，创业企业的雇佣人数由不足 20 人转为达到或超过 20 人则可以认定为低成长型企业向高成长型企业的转型，可以称之为正向转型，反之为逆向转型。

从低成长型创业企业向高成长型创业企业的转型首先得确定两种类型企业的原来存量；其次，是反映低成长型创业企业向高成长型创业企业的转型量与转型比率，转型率反映着学生创业质量的调整速率。如确有逆向转型的情况，则可考虑冲抵正向转型数值。

三　对创业企业类型与转型相关指数的汇总

创业企业可以从多种角度进行分类，为了研究方便选择了生存型创业企业与机会型创业企业及生存型创业向机会型创业的转型两项内容（鉴于指数量的控制需要，暂不把成长型创业企业及转型情况进入汇总）。于是，对创业企业类型与转型相关指数的汇总涉及六个内容（见表 1—3）。

表 1—3　　　　　　　创业企业类型与转型主要指数内容

序号	创业企业类型与转型相关指数	含义	权数
1	生存型创业企业存量指数	创业者把创业作为其不得不做出的选择，因为其他选择不是没有就是不满意，创业者必须依靠创业为自己的生存和发展谋求出路，由此形成的企业数量及在企业总量中的比重	0.3
2	生存型创业企业中大学生创业人数	创业者把创业作为其不得不做出的选择，因为其他选择不是没有就是不满意，创业者必须依靠创业为自己的生存和发展谋求出路的人数及所占的比例	0.3
3	机会型创业企业存量指数	创业者把创业作为其职业生涯的一种选择，看到有比目前工作机会——或单纯只是读书不搞创业——更好的创业机会而选择创业，由此形成的企业数量及在企业总量中的比重	0.7
4	机会型创业企业中大学生创业人数	创业者把创业作为其职业生涯的一种选择，看到有比目前工作机会——或单纯只是读书不搞创业——更好的创业机会而选择创业的人数及所占的比例	0.7
5	正向转型指数	指的是生存型创业企业向机会型创业企业的转型的人数所占比例或企业所占比例	1
6	逆向转型指数	指的是机会型创业企业向生存型创业企业的转型的人数所占比例或企业所占比例	−1

第三节　对创业活跃度与创新的分析

探讨创业企业活动的活跃度与它的创新活动是了解大学创业大氛围的基本内容，它反映、调整着学校创业活动的强度与方向。

一　创业的活跃度分析

主要从创业活动增量及具体的人口增量、企业增量、产值增量及机会型创业企业进行分析。

创业活动增量指数。在前面的讨论中我们知道，总体创业活动指数可以较好地反映创业量的问题，但是它反映的只是存量概念，探讨它的变量才能反映它的活跃程度。创业活动增量指数是从变量角度通过增量与存量的变化值来表示创业活动程度的概念，它主要可从人口数、企业数、产值数等内容来进行统计，它反映的是一年时间范围内增量与存量的比值。

人口增量指数。从参与创业企业人口的关系来说，以上一年参与创业的人口数作为存量基数，将该学校当年拥有的新增创业人员数量与之做比较所构建的指数。作为学校以训练学生为目的，所以它的权重设计为0.6，而下面各为0.2。

企业增量指数。从参与创业企业的数量来说，以上一年参与创业的企业数作为存量基数，将该学校当年拥有的新增创业企业数量与之做比较所构建的指数。它的权重设计为0.2。

产值增量指数。从参与创业企业的产值数量来说，以上一年参与创业的企业的产值数作为存量基数，将该学校当年拥有的新增产值数量与之做比较所构建的指数。它的权重设计为0.2。

机会型创业企业增量指数。考虑到大学生创业的重要结果指的是创办生存型创业实体与机会型创业实体，而倡导机会型创业实体才是大学学校的选择。于是，需要由机会型创业企业增量指数（企业个数/学校总人数，创业总人数/学校总人数）来反映创业的活跃度水准。需要强调的是机会型创业企业是大学创业发展的导向，是学校之间比较的核心内容。于是，它的权重就显得较高，是创业活动增量指数的1.2倍。

二　创新活动分析

对创新活动的分析重在对机会型创业企业与生存型创业企业的几项重要比较，如从产品的新颖性角度看，机会型创业企业提供创新产品或服务的比例与生存型创业企业相比是否更多；从市场的竞争性角度看，生存型创业企业面临的市场竞争比机会型创业企业是否更为严峻；从技术或工艺的新颖性角度看，机会型创业企业比生存型创业企业是否更加注重新技术的采用；从增长潜力角度看，机会型创业企业比生存型创业企业是否明显高。上述四项内容都具有相对性，需要做程度性判项分析，但作为这四个项目的重要性来说增长潜力相对指数更为概括，对创新的长远意义更大，故在权重分配上应该有所倾斜，主张以 1.2 倍定分。

三　对大学生创业的活跃度与创新相关指数的汇总

大学生创业的活跃度与创新相关指数是一个以学校层面来做总体统计的东西，汇总上面所述内容如表1—4。

表1—4　大学生创业活动过程中创业的活跃度与创新相关指数及权重

序号	学生创业的活跃度与创新相关指数	含义	权数
1	创业活动增量指数	创业活动增量指数是从变量角度通过增量与存量的变化值来表示创业活动程度的概念，它主要可从人口数、企业数、产值数等内容来进行统计，它反映的是一年时间范围内增量与存量的比值	1
1—1	人口增量指数	从参与创业企业人口的关系来说，以上一年参与创业的人口数作为存量基数，将该学校当年拥有的新增创业人员数量与之做比较所构建的指数	0.6
1—2	企业增量指数	从参与创业企业的数量来说，以上一年参与创业的企业数作为存量基数，将该学校当年拥有的新增创业企业数量与之做比较所构建的指数	0.2
1—3	产值增量指数	从参与创业企业的产值数量来说，以上一年参与创业的企业的产值数作为存量基数，将该学校当年拥有的新增产值数量与之做比较所构建的指数	0.2

续表

序号	学生创业的活跃度与创新相关指数	含义	权数
2	机会型创业企业增量指数	创业者把创业作为其职业生涯的一种选择，看到有比目前工作机会——或单纯只是读书不搞创业——更好的创业机会而选择创业，由此形成的企业数量的增量与它的存量的比重	1.2
3	产品新颖性相对指数	从产品的新颖性角度看，机会型创业企业提供创新产品或服务的比例与生存型创业企业相比是否更多	1
4	市场竞争性相对指数	从市场的竞争性角度看，生存型创业企业面临的市场竞争比机会型创业企业是否更为严峻	1
5	技术或工艺新颖性相对指数	从技术或工艺的新颖性角度看，机会型创业企业比生存型创业企业是否更加注重新技术的采用	1
6	增长潜力相对指数	从增长潜力角度看，机会型创业企业比生存型创业企业是否明显高	1.2

　　另外，大学生创业态势与特性的指数工具确立应以简单明白、便于调查打分操作作为原则，在此基础上才可能做后续的打分处理，才能进行问卷设计，才能与其他指数内容进行大谱系建设。作为大学生创业指数体系建设的第一个内容，厚实可能是最重要的选择。只有厚实，才能承担得起在它基础上的其他建筑物。这也是笔者对 GEM 体系最大的感受。

参考文献：

　　[1] 席升阳：《我国大学创业教育的理论与实践研究》，博士学位论文，华中科技大学，2007 年。

　　[2] 高建、程源、李习保等：《全球创业观察中国报告（2007）——创业转型与就业效应》，清华大学出版社 2008 年版。

　　[3] 吕贵兴：《高校创业教育评价指标体系构建研究》，《潍坊学院学报》

2010 年第 2 期。

[4] 黄志纯、刘必千:《关于构建高职生创新创业教育评价体系的思考》,《教育与职业》2007 年第 10 期。

[5] 李明章、代吉林:《我国大学创业教育效果评价——基于创业意向及创业胜任力的实证研究》,《国家教育行政学院学报》2011 年第 5 期。

第二章　大学生创业机会指数和创业
能力指数的仿真研究

对大学生创业机会和创业能力的量化研究，需要用到仿真研究的方法，采用仿真法对大学生创业机会和创业能力的评估指标进行研究，便于形成大学生创业机会指数和创业能力指数的研究思路和方法，为后续的调查研究提供研究模型。

第一节　问题的提出

1989 年，联合国教科文组织在北京召开了"面向 21 世纪教育"国际研讨会，提出了"创业教育"的概念，并指出"创业能力"是第三本护照。在中国知网里输入关键词"大学生创业"，时间区间是 1989—2012 年，搜索到 5510篇论文，说明大学生创业已经成为高校和社会的研究热点。"全球创业观察"项目是由美国百森商学院、伦敦商学院发起，它组织了国际上在创业领域最优秀的大学研究小组共同参与，旨在研究全球创业活动的态势和变化，创业与经济增长之间的作用机制，发掘国家创业活动的驱动力，以及对国家创业政策做出评估。该项目已进行了 11 年，它是当今世界唯一的全球创业研究项目。目前参与项目的有 40多个国家和地区，中国是参与国之一，负责研究单位是清华大学中国创业研究中心。该项目研究的主要观察指标就是创业指数。大学生创业观察是中国创业观察的一部分。因此，利用创业指数研究大学生创业发展状况，对于充实和支撑中国创业观察的研究项目，对于指导大学生创业教育都具有十分重要的意义。

在中国知网里输入关键词"创业指数"，时间区间是1989—2012年，只搜索到2篇文章。仇翔、庞鑫培、王柳燕提出了三个针对大学生个体创业行为的评估模型，以帮助大学生评价自身的创业状态。刘宗让研究了浙江区域创业活动活跃度变化及其影响因素，提出了浙江创业环境建设、创业政策及服务方面的对策。本章使用仿真研究的方法，对大学生创业机会和创业能力的评估指标进行研究，从而形成大学生创业机会指数和创业能力指数的研究思路和方法，为后续的调查研究提供研究模型。

第二节　仿真样本的选取

以某地区大学生创业指数为研究对象，采取分层随机抽样方法，从本科院校和高职高专院校中分别抽取20%，得到本科院校11所，高职高专10所，一共21所构成仿真样本。赋值方法由计算机随机产生。

第三节　指数研究内容、方法和结果

本章所建立的指标体系全部参考了GEM项目的相关内容，仅对个别指标做了适合于大学生创业观察的改造。指标体系如表2—1所示。

表 2—1 大学生创业机会和创业能力综合评价指标体系

一级指标	权重	二级指标	权重	指标内容	权重	打分方法
创业机会（X）	0.4	—	—	"有相当多创办新公司的好机会"的程度或可能性（X_1）	0.2	使用1、2、3、4、5赋值。赋值小表示该指标的程度或可能性小；反之，赋值大表示该指标的程度或可能性大
				"创办新公司的好机会较能把握这些机会的人多"的程度或可能性（X_2）	0.2	
				"创办公司的好机会在过去5年内大量增长"的程度或可能性（X_3）	0.2	
				"个人可以很容易把握创业机会"的程度或可能性（X_4）	0.2	
				"创办真正高成长公司的好机会相当多"的程度或可能性（X_5）	0.2	
创业能力（Y）	0.6	创业技能（Y_1）	0.7	"许多人知道如何创办及管理高成长型公司"的程度或可能性（Y_{11}）	0.2	同上
				"许多人知道如何创办及管理一家小公司"的程度或可能性（Y_{12}）	0.2	
				"许多人有创办新公司的经验"的程度或可能性（Y_{13}）	0.2	
				"许多人能对创办新公司的好机会迅速做出反应"的程度或可能性（Y_{14}）	0.2	
				"许多人有能力组织创办新公司所需的资源"的程度或可能性（Y_{15}）	0.2	

一级指标	权重	二级指标	权重	指标内容	权重	打分方法
创业能力（Y）	0.6	创业动机（Y_2）	0.3	"创业被视为一个致富的良好途径"的程度或可能性（Y_{21}）	0.2	同上
				"大多数人将成功创业者作为一项希望的职业选择"的程度或可能性（Y_{22}）	0.2	
				"成功的创业者享有较高的社会地位和尊重"的程度或可能性（Y_{23}）	0.2	
				"你经常能在公众媒体中看见成功创业的故事"的程度或可能性（Y_{24}）	0.2	
				"大多数人认为创业者是有能力的和足智多谋的"的程度或可能性（Y_{25}）	0.2	

第四节　关于创业机会

一　数据仿真

假设：

（1）指标 X_1 服从均值为 3、标准差为 1 的正态分布，即 $X_1 \sim N(3,1)$；

（2）指标 X_2 服从均值为 2.5、标准差为 0.5 的正态分布，即 $X_2 \sim N(2.5, 0.5)$；

（3）指标 X_3 服从均值为 4、标准差为 0.1 的正态分布，即 $X_3 \sim N(4, 0.1)$；

（4）指标 X_4 服从均值为 3、标准差为 1.5 的正态分布，即 $X_4 \sim N(3, 1.5)$；

（5）指标 X_5 服从均值为 2、标准差为 1.5 的正态分布，即 $X_5 \sim N(2,1.5)$。

仿真结果与排名如表 2—2 所示。

表 2—2　　　　　　　　创业机会仿真数据及排名

学校	指标值						排名						聚类
	X_1	X_2	X_3	X_4	X_5	总评	X_1	X_2	X_3	X_4	X_5	总评	
S_1	2.87	1.99	3.98	2.95	1.10	2.58	13	19	11	13	19	19	少
S_2	3.18	2.97	4.03	3.35	3.39	3.38	9	4	6	11	5	2	少
S_3	2.52	2.65	3.97	3.64	2.00	2.96	18	6	12	6	14	13	少
S_4	3.86	2.57	4.04	2.44	1.92	2.97	4	8	3	16	16	12	多
S_5	1.64	2.76	4.04	2.65	3.37	2.89	21	5	4	14	6	15	中
S_6	3.46	2.63	3.87	3.51	2.89	3.27	8	7	19	8	8	7	少
S_7	2.15	2.03	3.91	4.50	2.53	3.02	19	18	17	3	10	11	少
S_8	2.67	2.42	3.93	0.50	3.88	2.68	17	10	16	20	1	18	中
S_9	3.55	2.43	3.95	2.11	3.39	3.09	7	9	15	17	4	8	中
S_{10}	4.04	2.23	3.97	2.58	2.36	3.04	3	15	13	15	11	10	多
S_{11}	1.88	3.34	4.00	3.63	0.96	2.76	20	1	8	7	21	16	少
S_{12}	4.26	2.06	3.70	0.49	1.02	2.31	2	17	21	21	20	21	多
S_{13}	3.66	2.26	3.95	3.71	3.79	3.47	6	14	14	5	2	1	少
S_{14}	2.93	2.14	4.12	1.18	1.96	2.47	12	16	1	19	15	20	多
S_{15}	2.80	1.91	3.89	3.10	3.53	3.05	14	21	18	12	3	9	少
S_{16}	2.78	2.40	4.09	3.98	3.29	3.31	15	11	2	4	7	6	少
S_{17}	2.70	2.36	4.04	3.49	2.00	2.92	16	13	5	9	13	14	少
S_{18}	3.02	3.27	4.00	4.62	1.89	3.36	11	3	9	1	17	4	少
S_{19}	3.05	2.38	4.02	4.51	2.87	3.37	10	12	7	2	9	3	少

学校	指标值						排名						聚类
	X_1	X_2	X_3	X_4	X_5	总评	X_1	X_2	X_3	X_4	X_5	总评	
S_{20}	3.83	1.97	3.84	2.02	2.12	2.76	5	20	20	18	12	17	多
S_{21}	4.53	3.30	3.99	3.39	1.50	3.34	1	2	10	10	18	5	少
最小值	1.64	1.91	3.7	0.49	0.96	2.31	S_5	S_{15}	S_{12}	S_{12}	S_{11}	S_{12}	—
最大值	4.53	3.34	4.12	4.62	3.88	3.47	S_{21}	S_{11}	S_{14}	S_{18}	S_8	S_{13}	—
中值	3.02	2.4	3.98	3.35	2.36	3.02	—	—	—	—	—	—	—

二　仿真结果与分析

第一，从某地区高校总体来分析。从表2—2来看，某地区大学生对于 X_1 的平均认同度是3.02；对于 X_2 的平均认同度是2.4；对于 X_3 的平均认同度是3.98；对于 X_4 的平均认同度是3.35；对于 X_5 的平均认同度是2.36。

使用加权综合方法进行综合，结果和排名见表2—2。综合认同度为3.02，超过了中值2.5，说明在综合方面某地区大学生所面对的创业机会较多，创业环境较好。但在 X_2 和 X_5 方面低于中值，说明某地区大学生创办新公司的好机会较能把握这些机会的人并不多，创办真正高成长型公司的好机会也不多。

第二，从排名情况来分析。从表2—2来看，在 X_1 方面最差的是高校 S_5，最好的是高校 S_{21}；在 X_2 方面最差的是高校 S_{15}，最好的是高校 S_{11}；在 X_3 方面最差的是高校 S_{12}，最好的是高校 S_{14}；在 X_4 方面最差的是高校 S_{12}，最好的是高校 S_{18}；在 X_5 方面最差的是高校 S_{11}，最好的是高校 S_8。在综合方面最差的是高校 S_{12}，最好的是高校 S_{13}。

第三，从聚类情况来分析。将创业机会分为"多、中、少"

三类，对 21 所院校进行聚类。这里使用费歇尔（Fisher）最优分割法进行聚类（下同）。从表 2—2 来看，创业机会多的院校有 5 所，分别是 S_4、S_{10}、S_{12}、S_{14}、S_{20}。创业机会中的院校有 3 所，分别是 S_5、S_8、S_9。其余院校都是创业机会少。

第四，从某一高校进行分析。以高校 S_{21} 为例，其在 X_1、X_2、X_3、X_4 上高于全省中值，说明高校 S_{21} 有相当多创办新公司的好机会，创办新公司的好机会较能把握这些机会的人较多，创办公司的好机会在过去 5 年内大量增长，个人可以很容易把握创业机会。但是，高校 S_{21} 在 X_5 上低于全省中值，说明高校 S_{21} 创办真正高成长型公司的好机会相对少一些。总体来看，高校 S_{21} 的创业机会属于"少"类。

第五节 关于创业能力

面对创业机会，能否有效地把握，涉及创业能力大小。创业能力包括创业技能和创业动机两个方面。

一 数据仿真

假设：

（1）指标 Y_{11} 服从均值为 3.5、标准差为 1 的正态分布，即 $Y_{11} \sim N(3.5, 1)$；

（2）指标 Y_{12} 服从均值为 1.5、标准差为 1 的正态分布，即 $Y_{12} \sim N(1.5, 1)$；

（3）指标 Y_{13} 服从均值为 3.5、标准差为 0.5 的正态分布，即 $Y_{13} \sim N(3.5, 0.5)$；

（4）指标 Y_{14} 服从均值为 3.5、标准差为 1.5 的正态分布，即 $Y_{14} \sim N(3.5, 1.5)$；

（5）指标 Y_{15} 服从均值为 2.5、标准差为 1.5 的正态分布，即 $Y_{15} \sim N(2.5,1.5)$；

（6）指标 Y_{21} 服从均值为 4、标准差为 0.2 的正态分布，即 $Y_{21} \sim N(4,0.2)$；

（7）指标 Y_{22} 服从均值为 4、标准差为 0.5 的正态分布，即 $Y_{22} \sim N(4,0.5)$；

（8）指标 Y_{23} 服从均值为 3、标准差为 0.5 的正态分布，即 $Y_{23} \sim N(3,0.5)$；

（9）指标 Y_{24} 服从均值为 2、标准差为 0.5 的正态分布，即 $Y_{24} \sim N(2,0.5)$；

（10）指标 Y_{25} 服从均值为 1.5、标准差为 1 的正态分布，即 $Y_{25} \sim N(1.5,1)$。

仿真结果如表 2—3 所示。

表 2—3　　　　　　　　　　创业能力仿真数据

学校	创业技能						创业动机						综合
	Y_{11}	Y_{12}	Y_{13}	Y_{14}	Y_{15}	总评	Y_{21}	Y_{22}	Y_{23}	Y_{24}	Y_{25}	总评	
S_1	3.42	1.54	3.28	1.64	3.21	2.62	3.92	3.26	3.53	2.95	0.99	2.93	2.71
S_2	4.40	3.73	3.30	0.21	4.62	3.25	4.24	3.98	3.58	2.06	0.60	2.89	3.14
S_3	3.68	1.43	3.99	3.00	2.53	2.93	3.99	4.48	3.03	2.52	0.30	2.86	2.91
S_4	3.79	0.99	3.35	4.57	2.43	3.03	4.12	4.87	2.36	1.89	2.54	3.15	3.06
S_5	3.61	1.74	4.07	3.98	5.05	3.69	3.80	3.78	2.81	1.92	0.65	2.59	3.36
S_6	3.94	1.75	3.23	4.12	1.74	2.96	4.01	3.19	2.62	2.35	1.33	2.70	2.88
S_7	3.60	1.57	3.99	2.63	2.50	2.86	4.12	4.08	2.72	2.28	0.29	2.70	2.81
S_8	2.33	0.89	3.24	3.72	3.88	2.81	3.73	4.19	3.28	1.44	1.20	2.77	2.80
S_9	1.65	0.28	3.59	1.04	2.72	1.86	4.07	3.89	2.72	1.23	0.41	2.46	2.04
S_{10}	2.36	1.82	3.99	2.36	4.61	3.03	3.96	3.43	2.55	1.45	0.07	2.29	2.81

续表

学校	创业技能						创业动机						综合
	Y_{11}	Y_{12}	Y_{13}	Y_{14}	Y_{15}	总评	Y_{21}	Y_{22}	Y_{23}	Y_{24}	Y_{25}	总评	
S_{11}	2.41	0.16	3.29	2.27	4.05	2.44	3.81	5.01	2.80	1.29	0.49	2.68	2.51
S_{12}	3.07	0.47	3.28	4.28	2.94	2.81	3.99	2.82	2.92	2.03	1.29	2.61	2.75
S_{13}	3.33	2.83	4.50	3.48	1.33	3.10	3.62	3.75	3.20	1.79	1.17	2.71	2.98
S_{14}	3.28	1.08	3.98	1.77	3.35	2.69	3.57	3.34	2.52	1.82	3.44	2.94	2.77
S_{15}	4.04	1.36	3.28	3.49	0.43	2.52	3.76	3.68	3.16	1.32	0.93	2.57	2.53
S_{16}	3.89	2.40	3.82	2.47	2.87	3.09	3.80	4.16	3.04	2.39	1.25	2.93	3.04
S_{17}	4.25	1.20	3.32	2.50	3.71	3.00	3.77	4.07	3.66	2.22	1.02	2.95	2.98
S_{18}	4.72	2.53	3.85	4.80	2.82	3.74	3.65	3.64	2.89	1.96	0.16	2.46	3.36
S_{19}	2.22	1.15	4.21	3.67	3.82	3.01	4.06	4.39	2.93	2.51	1.53	3.08	3.03
S_{20}	1.17	2.51	2.70	4.10	3.89	2.87	3.68	4.31	2.41	1.56	2.35	2.86	2.87
S_{21}	4.40	2.13	4.01	4.83	2.90	3.65	4.02	4.32	2.31	2.21	1.90	2.95	3.44
最小值	1.17	0.16	2.70	0.21	0.43	1.86	3.57	2.82	2.31	1.23	0.07	2.29	2.04
最大值	4.72	3.73	4.50	4.83	5.05	3.74	4.24	5.01	3.66	2.95	3.44	3.15	3.44
中值	3.60	1.54	3.59	3.48	2.94	2.96	3.92	3.98	2.89	1.96	1.02	2.77	2.88

排名情况如表 2—4 所示。

表 2—4　　　　创业能力仿真数据排名和聚类

学校	创业技能							创业动机							综合	聚类
	Y_{11}	Y_{12}	Y_{13}	Y_{14}	Y_{15}	Y_1	聚类	Y_{21}	Y_{22}	Y_{23}	Y_{24}	Y_{25}	Y_2	聚类		
S_1	12	11	16	19	10	18	弱	11	19	3	1	12	6	强	18	中
S_2	2	1	14	21	2	4	中	1	11	2	9	15	8	强	4	强

学校	创业技能							创业动机							综合	聚类
	Y_{11}	Y_{12}	Y_{13}	Y_{14}	Y_{15}	Y_1	聚类	Y_{21}	Y_{22}	Y_{23}	Y_{24}	Y_{25}	Y_2	聚类		
S_3	9	12	5	12	16	12	中	8	3	8	2	18	9	强	10	中
S_4	8	17	12	3	18	7	中	2	2	20	13	2	1	强	5	中
S_5	10	9	3	7	1	2	强	13	13	12	12	14	17	中	2	强
S_6	6	8	20	5	19	11	中	7	20	16	5	6	13	中	11	中
S_7	11	10	6	13	17	14	中	3	9	14	6	19	14	中	13	中
S_8	18	18	19	8	6	15	中	17	7	4	18	9	11	中	15	中
S_9	20	20	11	20	15	21	弱	4	12	15	21	17	19	弱	21	弱
S_{10}	17	7	7	16	3	8	中	10	17	17	17	21	21	弱	14	中
S_{11}	16	21	15	17	4	20	弱	12	1	13	20	16	15	中	20	弱
S_{12}	15	19	17	4	11	16	中	9	21	10	10	7	16	中	17	中
S_{13}	13	2	1	11	20	5	中	20	14	5	15	10	12	中	8	中
S_{14}	14	16	8	18	9	17	中	21	18	18	14	1	5	强	16	中
S_{15}	5	13	18	10	21	19	弱	16	15	6	19	13	18	中	19	弱
S_{16}	7	5	10	15	13	6	中	14	8	7	4	8	7	强	6	中
S_{17}	4	14	13	14	8	10	中	15	10	1	7	11	3	强	9	中
S_{18}	1	3	9	2	14	1	强	19	16	11	11	20	20	弱	3	强
S_{19}	19	15	2	9	7	9	中	5	4	9	3	5	2	强	7	中
S_{20}	21	4	21	6	5	13	中	18	6	19	16	3	10	强	12	中
S_{21}	3	6	4	1	12	3	强	6	5	21	8	4	4	强	1	强
最小值	S_{20}	S_{13}	S_{20}	S_2	S_{15}	S_9	—	S_{14}	S_{12}	S_{21}	S_9	S_{10}	S_{10}	—	S_9	—
最大值	S_{18}	S_2	S_{13}	S_{21}	S_5	S_{18}	—	S_2	S_{11}	S_{17}	S_1	S_{14}	S_4	—	S_{21}	—

二　仿真结果分析

(一) 创业技能分析

第一，从某地区高校总体来分析。某地区大学生对于 Y_{11} 的平均认同度是 3.60；对于 Y_{12} 的平均认同度是 1.54；对于 Y_{13} 的平均认同度是 3.59；对于 Y_{14} 的平均认同度是 3.48；对于 Y_{15} 的平均认同度是 2.94。有 4 个项目超过了中值 2.5，说明某地区许多大学生知道如何创办及管理高成长型公司，有创办新公司的经验，能对创办新公司的好机会迅速做出反应，有能力组织创办新公司所需的资源。但对于如何创办及管理一家小公司却显得不够。

使用加权综合方法进行综合，结果和排名见表 2—3 和表 2—4。在创业技能方面的综合认同度为 2.96，超过了中值 2.5，说明总体上某地区大学生的创业技能较强。

第二，从排名情况来分析。从表 2—4 来看，在 Y_{11} 方面最差的是高校 S_{20}，最好的是高校 S_{18}；在 Y_{12} 方面最差的是高校 S_{13}，最好的是高校 S_2；在 Y_{13} 方面最差的是高校 S_{20}，最好的是高校 S_{13}；在 Y_{14} 方面最差的是高校 S_2，最好的是高校 S_{21}；在 Y_{15} 方面最差的是高校 S_{15}，最好的是高校 S_8。在综合方面最差的是高校 S_9，最好的是高校 S_{18}。

第三，从聚类情况来分析。将创业技能分为"强、中、弱"三类，对 21 所院校进行聚类。从表 2—4 来看，创业能力"强"的院校有 3 所，分别是 S_{18}、S_5、S_{21}。创业机会"弱"的院校有 4 所，分别是 S_1、S_{15}、S_{11}、S_9。其余院校都是创业技能"中"。

第四，从某一高校进行分析。以高校 S_{21} 为例。在 Y_{11}、Y_{12}、Y_{13}、Y_{14} 上高于全省中值，说明在高校 S_{21} 中许多大学生知道如何创办及管理一家小公司或高成长型公司，许多大学生有创办新公司的经验，许多大学生能对创办新公司的好机会迅速做出反应。

但对于组织创办新公司所需的资源的能力并不强。总体上高校 S_{21} 的大学生的创业技能强于全省平均水平，属于"强"类。

（二）创业动机分析

第一，从某地区高校总体来分析。某地区大学生对于 Y_{21} 的平均认同度是 3.92；对于 Y_{22} 的平均认同度是 3.98；对于 Y_{23} 的平均认同度是 2.89；对于 Y_{24} 的平均认同度是 1.96；对于 Y_{25} 的平均认同度是 1.02。有 3 个项目超过了中值 2.5，说明某地区创业被视为一个致富的良好途径，大多数人将成功创业者作为一项希望的职业选择，成功的创业者享有较高的社会地位和尊重。但在公众媒体中能够看见成功创业的故事并不多，而且大多数大学生并不是将创业者看作是有能力的和足智多谋的。

使用加权综合方法进行综合，结果和排名见表 2—3 和表 2—4。在创业动机方面的综合认同度为 2.77，超过了中值 2.5，说明总体上某地区大学生的创业动机较强。

第三，从排名情况来分析。从表 2—4 来看，在 Y_{21} 方面最差的是高校 S_{14}，最好的是高校 S_2；在 Y_{22} 方面最差的是高校 S_{12}，最好的是高校 S_{11}；在 Y_{23} 方面最差的是高校 S_{21}，最好的是高校 S_{17}；在 Y_{24} 方面最差的是高校 S_9，最好的是高校 S_1；在 Y_{25} 方面最差的是高校 S_{10}，最好的是高校 S_{14}。在综合方面最差的是高校 S_{10}，最好的是高校 S_4。

第三，从聚类情况来分析。将创业动机分为"强、中、弱"三类，对 21 所院校进行聚类。从表 2—4 来看，创业能力"强"的院校有 10 所，分别是 S_4、S_{19}、S_{21}、S_{17}、S_{14}、S_1、S_{16}、S_2、S_{20}、S_3。创业机会"中"的院校有 8 所，分别是 S_8、S_{13}、S_6、S_7、S_{11}、S_{12}、S_5、S_{15}。其余院校都是创业技能"弱"。

第四，从某一高校进行分析。以高校 S_{21} 为例。在 Y_{21}、Y_{22}、Y_{23}、Y_{24}、Y_{25} 上均高于全省中值，总体上也高于全省平均水平，属于"强"类。

（三）创业能力分析

从表 2—3 来看，某地区大学生对于创业能力 Y 的平均认同度是 2.88，超过了 2.5，说明大学生的创业能力整体较强。从表 2—4 来看，在 Y 方面最差的是高校 S_9，最好的是高校 S_{21}。

以高校 S_{21} 为例。在创业能力 Y 上的认同度是 3.44，高于全省中值 2.88，排名第一，属于"强"类。

第六节 在创业机会方面本科院校与高职高专院校的比较

为了比较本科院校和高职高专院校在创业机会上的差异，设计了 3 个指标，如表 2—5 所示。通过问卷调查采集数据，调查问卷见附录三。采用专家打分法确定指标权重，结果见表 2—5。

表 2—5　　　　　　　　　　创业机会的比较指标

指标符号	权重	指标内容
X_6	1/3	"期望在两年内创办企业"的人数比例（%）
X_7	1/3	"认识在过去两年中创办企业的企业者"的人数比例（%）
X_8	1/3	"认为在随后 6 个月内存在创办企业的良好机会"的人数比例（%）

一　数据仿真

假设：

（1）$X_{61} \sim N(20\%,10\%)$，$X_{62} \sim N(30\%,5\%)$；

（2）$X_{71} \sim N(80\%,10\%)$，$X_{72} \sim N(40\%,15\%)$；

（3）$X_{81} \sim N(40\%,10\%)$，$X_{82} \sim N(35\%,10\%)$。

其中，X_{61}，X_{71}，X_{81} 表示本科院校的相应指标，X_{62}，X_{72}，X_{82} 表示高职高专院校的相应指标。仿真结果如表2—6所示。

表2—6　　　本科院校与高职高专院校在创业机会方面的比较

本科院校（%）				高职高专院校（%）				
学校	X_{61}	X_{71}	X_{81}	X_1	学校	X_{62}	X_{72}	X_{82}	X_2
S_1	31.0	91.3	47.0	43.4	S_1	29.6	47.3	49.4	42.1
S_2	35.4	83.5	48.4	43.3	S_2	20.3	51.1	15.4	28.9
S_3	20.9	77.0	37.6	34.7	S_3	27.8	65.7	33.0	42.2
S_4	5.1	80.2	42.2	37.4	S_4	21.0	37.1	22.9	27.0
S_5	12.6	77.4	28.3	33.0	S_5	34.2	7.9	64.1	35.4
S_6	9.4	62.5	28.5	32.0	S_6	25.6	27.4	43.3	32.1
S_7	43.5	77.1	41.0	52.9	S_7	30.5	60.3	48.8	46.5
S_8	13.8	71.7	47.2	41.3	S_8	27.3	23.9	24.4	25.2
S_9	27.5	70.2	65.9	51.8	S_9	31.5	54.4	30.3	38.7
S_{10}	18.1	68.4	33.3	42.4	S_{10}	27.0	41.9	32.3	33.7
S_{11}	28.9	74.7	41.9	40.9	—	—	—	—	—
均值估计	22.4	75.8	41.9	46.7	—	27.5	41.7	36.4	35.2
均值区间（95%）	[14.4, 30.4]	[71.1, 80.5]	[34.8, 49.1]	[41.5, 51.9]	—	[24.4, 30.6]	[28.9, 54.5]	[25.8, 47.0]	[30.1, 40.3]

二　仿真结果分析

（一）对于全省的指标进行估计

第一，期望在两年内创办企业的大学生比例，本科院校的平均值为 22.4%，高职高专院校的平均值为 27.5%。给定置信度 95%（下同），分别得到本科院校的置信区间为［14.4%，30.4%］，高职高专院校的置信区间为［24.4%，30.6%］。

第二，个人周围的创业者数量，本科院校的平均值为75.8%，置信区间为［71.1%，80.5%］；高职高专院校的平均值为 41.7%，置信区间为［28.9%，54.5%］。

第三，随后 6 个月的创业机会，本科院校的平均值为41.9%，置信区间为［34.8%，49.1%］；高职高专院校的平均值为 36.4%，置信区间为［25.8%，47.0%］。

第四，总体上，本科院校的平均值为 46.7%，置信区间为［41.5%，51.9%］；高职高专院校的平均值为35.2%，置信区间为［30.1%，40.3%］。

（二）对于全省的指标进行推断

下面对于本科院校与高职高专院校的比例进行一些推断。这需要做假设检验。以指标 X_6 为例。

原假设：$p_1 = p_2$；备择假设：$p_1 \neq p_2$。

检验统计量为 $z = \dfrac{p_1 - p_2}{\sqrt{\dfrac{p(1-p)}{n_1} + \dfrac{p(1-p)}{n_2}}}$。

其中，p_1、p_2 分别表示本科院校和高职高专院校的指标比率，n_1、n_2 分别表示本科院校和高职高专院校的样本容量，p 表示本科院校和高职高专院校的指标的合并比率，即

$$p = \frac{p_1 n_1 + p_2 n_2}{n_1 + n_2}$$

取显著性水平 $\alpha = 0.05$，则 $z_\alpha = 1.645, z_{\alpha/2} = 1.96$，检验结果见表 2—7。

类似地，可以对其他指标进行检验，结果见表 2—7。

表 2—7　　本科院校与高职高专院校在创业机会方面的假设检验结果

	X_6	X_7	X_8	综合 X
原假设	$p_1 = p_2$	$p_1 \leqslant p_2$	$p_1 = p_2$	$p_1 = p_2$
备择假设	$p_1 \neq p_2$	$p_1 > p_2$	$p_1 \neq p_2$	$p_1 \neq p_2$
统计量 z	0.2702	1.6644	0.2577	0.2824
结论	接受	拒绝	接受	接受

从表 2—7 可以得出以下结论。

（1）对于期望在两年内创办企业的大学生比例，本科院校和高职高专院校没有显著差异；

（2）对于个人周围的创业者数量的比例，本科院校显著高于高职高专院校；

（3）对于随后 6 个月的创业机会的比例，本科院校和高职高专院校没有显著差异；

（4）从总体上来看，在创业机会上本科院校和高职高专院校没有显著差异。

第七节　在创业能力方面本科院校
与高职高专院校的比较

为了比较本科院校和高职高专院校在创业能力上的差异，设计了 3 个指标，如表 2—8 所示。通过问卷调查采集数据，调查问卷见附录。采用专家打分法确定指标权重，结果见表 2—8。

表 2—8　　　　　　　　创业能力的比较指标

指标编号	权重	指标内容
Y_6	1/3	在过去 12 个月内关闭企业的比例（％）
Y_7	1/3	"认为本人具备创办企业的技能和经验"的人数比例（％）
Y_8	1/3	"认为对失败的恐惧会妨碍创业"的人数比例（％）

一 数据仿真

假设：

（1） $Y_{61} \sim N$ （10%，5%）， $Y_{62} \sim N$ （15%，1%）；

（2） $Y_{71} \sim N$ （30%，10%）， $Y_{72} \sim N$ （35%，5%）；

（3） $Y_{81} \sim N$ （48%，10%）， $Y_{82} \sim N$ （10%，5%）。

其中， Y_{61} ， Y_{71} ， Y_{81} 表示本科院校的相应指标， Y_{62} ， Y_{72} ， Y_{82} 表示高职高专院校的相应指标。仿真结果如表2—9所示。

表 2—9　　　　　　　　创业能力的比较

	本科院校（%）				高职高专院校（%）			
学校	Y_{61}	Y_{71}	Y_{81}	Y_1	学校	Y_{62}	Y_{72}	Y_{82}	Y_2
S_1	15.5	22.4	42.1	26.7	S_1	14.9	37.4	17.2	23.2
S_2	17.7	16.0	45.1	26.3	S_2	13.1	38.7	0.2	17.3
S_3	10.4	15.8	39.5	21.9	S_3	14.6	43.6	9.0	22.4
S_4	2.5	34.9	36.8	24.7	S_4	13.2	34.0	4.0	17.1
S_5	6.3	28.2	73.3	35.9	S_5	15.8	24.3	24.5	21.6
S_6	4.7	28.0	64.6	32.4	S_6	14.1	30.8	14.1	19.7
S_7	21.8	44.2	51.1	39.0	S_7	15.1	41.8	16.9	24.6
S_8	6.9	32.9	35.4	25.1	S_8	14.5	29.6	4.7	16.3
S_9	13.7	32.0	39.4	28.4	S_9	15.3	39.8	7.7	20.9
S_{10}	9.0	45.9	46.2	33.7	S_{10}	14.4	35.6	8.6	19.6
S_{11}	14.4	22.0	55.9	30.8	—	—	—	—	—
均值估计	11.2	29.3	48.1	29.5	—	14.5	35.6	10.7	20.3
均值区间（95%）	[7.2, 15.2]	[22.5, 36.1]	[40.0, 56.3]	[26.0, 33.1]	—	[13.9, 15.1]	[31.3, 39.8]	[5.4, 16.0]	[18.3, 22.3]

二 仿真结果分析

（一）对于全省的指标进行估计

第一，在过去 12 个月内关闭企业的比例，本科院校的平均值为 11.2%，置信区间为 [7.2%，15.2%]；高职高专院校的平均值为 14.5%，置信区间为 [13.9%，15.1%]。本科院校和高职高专院校大学生的企业关闭率均比较低，说明不论本科生还是专科生，都能够抓住机会，有能力经营好公司。

第二，"认为本人具备创办企业的技能和经验"的人数比例，本科院校的平均值为 29.3%，置信区间为 [22.5%，36.1%]；高职高专院校的平均值为 35.6%，置信区间为 [31.3%，39.8%]。

第三，"认为对失败的恐惧会妨碍创业"的人数比例，本科院校的平均值为 48.1%，置信区间为 [40.0%，56.3%]；高职高专院校的平均值为 10.7%，置信区间为 [5.4%，16.0%]。

第四，总体上，本科院校的平均值为 29.5%，置信区间为 [26.0%，33.1%]；高职高专院校的平均值为 20.3%，置信区间为 [18.3%，22.3%]。

（二）对于全省的指标进行推断

类似上一节的讨论，对于本科院校与高职高专院校在创业能力方面的比例进行一些推断，结果见表 2—10。

表 2—10　　　　　　　　创业能力假设检验结果

	Y_6	Y_7	Y_8	综合 Y
原假设	$p_1 = p_2$	$p_1 = p_2$	$p_1 \leq p_2$	$p_1 = p_2$
备择假设	$p_1 \neq p_2$	$p_1 \neq p_2$	$p_1 > p_2$	$p_1 \neq p_2$
统计量 z	−0.2263	−0.3083	1.8628	0.3854
结论	接受	接受	拒绝	接受

从表2—10可以得出以下结论：

（1）对于在过去12个月内关闭企业的比例，本科院校和高职高专院校没有显著差异；

（2）对于"认为本人具备创办企业的技能和经验"的人数比例，本科院校和高职高专院校没有显著差异；

（3）对于"认为对失败的恐惧会妨碍创业"的人数比例，本科院校显著高于高职高专院校；

（4）从总体上来看，在创业能力上本科院校和高职高专院校没有显著差异。

参考文献：

［1］谢志远、应云进：《浅谈大学生创业教育》，《江苏高教》2003年第3期。

［2］高建、程源、李习保等：《全球创业观察中国报告（2007）——创业转型与就业效应》，清华大学出版社2008年版。

［3］仇翔、庞鑫培、王柳燕：《大学生创业问题探析》，《高教与经济》2008年第2期。

［4］刘宗让：《浙江创业活动活跃度比较分析》，《商场现代化》2008年总第555期。

［5］高惠璇：《应用多元统计分析》，北京大学出版社2005年版。

［6］陈在余、陶应虎：《统计学原理与实务》，清华大学出版社2009年版。

第三章 大学生创业环境分析

创业环境各因素对创业活动起着积极的作用，促进较多创业机会的产生和创业能力的提升。一旦创业机会和创业能力有效结合，就会产生大量的创业活动，会不断地有新的公司诞生，有企业新的增长点出现，创造大量的就业机会，为社会积累财富，最终促进社会发展与经济增长。环境条件中有一般环境条件与创业环境条件之分，按照国际 GEM 项目的标准，我们重点研究对创业活动产生直接影响的金融支持、政府政策、政府项目支持、教育与培训、研究开发转移效率、商业和专业基础设施、进入壁垒、文化和社会规范等方面。

第一节 现有创业环境研究

国外学者研究中比较有代表性的 GEM 中国报告（2005）提出从金融支持、政府政策、政府项目支持、教育与培训、研究开发转移、商业和专业基础设施、进入壁垒、有形基础设施、文化与社会规范 9 个方面来评价创业环境；波特（Porter，1980）提出从进入壁垒、现有竞争者的竞争状态、替代产品的威胁、购买者的还价能力、供应商的还价能力等 5 个方面来评价创业环境；加特纳（Gartner，1995）从人口中近期移民的高比例、较大规模的城市区域、雄厚的工业基础、金融资源的可用性、工业专业化程度 5 个方面评价创业环境；弗雷德（Fred，2000）从政治和经济环境、转型冲突、不健全的法律环境、政策的不稳定性、非正式的约束、不发达和不规范的金融环境、文化环境 7 个方面评价创业环境。

我国大部分学者都是借用 GEM 对我国创业环境进行评价，例如周丽（2006，GEM 框架下珠三角欠发达城市创业环境研究）、杨晖（2007，长三角创业环境 GEM 分析及政策建议）、曹明（2007，基于 GEM 模型的中国创业环境比较研究）、葛宝山、李虹霖（2006，我国典型地区创业环境实证研究）。其中周丽（2006）构建了由自然环境、社会环境、经济环境三大环境系统及政策法律、金融服务、智力技术、社会服务、产业等五大支撑体系组成的创业环境评价指标；郭元源等（2006）从经济基础、服务支持、科教支撑、文化支撑、环境支撑 5 个方面构建了城市创业环境评价指标。在各种研究中，结合我国实际情况构建大学生创业环境评价指标的研究非常少，本书按照国际 GEM 项目的标准，重点研究对大学生创业活动产生影响的金融支持、政府政策、政府项目支持、教育与培训、研究开发转移效率、商业和专业基础设施、进入壁垒、文化和社会规范等方面。

表 3—1 大学生创业环境评价指标内涵

序号	创业环境评价指标	含义
1	金融支持	新企业和成长型企业所需资金来源的可得性
2	政府政策	政府对新企业或成长型企业在政策制定和规制方面的扶持
3	政府项目支持	各级政府对于新企业和成长型企业的具体支持
4	教育与培训	与创业相关的各个层次教育和培训体系

序号	创业环境 评价指标	含义
5	研究开发转移 效率	研发体系对于创业企业的影响
6	商业和专业基础 设施	能够得到基础设施以及价格的可接受性
7	进入壁垒	创业准入门槛、发展障碍
8	文化和社会规范	现有的社会和文化对于创业的鼓励

第二节　大学生创业环境评价指标确定

本节运用全球创业观察（GEM）模型，设计了由金融支持、政府政策、政府项目支持、教育与培训、研究开发转移效率、商业和专业基础设施、进入壁垒、文化和社会规范等 8 个方面共 14 个问题组成的大学生创业环境调查问卷。问卷数据用李克特量表的方式，每个问题都是肯定性命题。根据对每个问题的认同程度赋予不同的分值（5—1 分），5 表示完全肯定，4 表示基本肯定，3 表示不确定，2 表示基本否定，1 表示完全否定。肯定程度越高的选项则分值越高，表明该方面的创业环境条件越好，反之越差。为区分不同环境对大学生这种特殊创业群体的影响力，按照环境对大学生创业活动的直接相关性，给上述 8 种环境赋予不同的评价权重，通过主观判断分别给予 0.16、0.16、0.20、0.16、0.10、0.10、0.06、0.06 的权重，把环境对大学生创业的影响力进行了定量表达。

一　金融支持

GEM 认为，金融支持是影响国家创业活动的一个重要因素。

我国金融机构对中小企业的扶持与发达国家存在着很大差距。对于新创企业来说，其资金来源主要有三种途径，一是私人权益资本，包括自有资金、亲戚朋友借贷和引入私人股权筹集资金；二是创业资本融资，例如银行贷款等；三是通过产权交易市场融资。创业企业多以私人权益资本为主。为更好地了解大学生创业的金融环境，下设一个三级指标，即大学生创业资金有充足的来源由于大学生群体的特殊性，其创业资金来源和国家政策及家人支持直接相关。

表 3—2　　　　　　　　大学生创业环境条件金融支持评价

创业环境评价指标		各评价等级的百分比					统计评分
二级	三级	完全肯定	基本肯定	不确定	基本否定	完全否定	
金融支持	大学生创业资金有充足的来源						

二　政府政策

政府政策能否起到鼓励大学生创业的作用是政府和学术界关注的一个重要的问题。GEM 的研究表明，政府政策对于创业活动的作用是有效的。近年来为支持大学生创业，国家和各级政府出台了许多优惠政策，涉及融资、开业、税收、创业培训、创业指导等多方面。

2012 年浙江省政府新规表示大学生创业享受政府贴息贷款。广东省政府也加大大学生创业政策扶持力度，大学生创业项目最高获 500 万元扶持。参考各地政府制定的鼓励大学生创业的政策，下设两个三级指标衡量政府政策支持水平。分别为地方政府在制定政策时优先考虑大学生创业、地方政府政策（如公开采购）一直对新公司优惠、地方政府的支持在大学生创业中的作用尤其明显，为体现各种政策在大学生创业中发挥的作用，分别赋予上述两个指标 0.50、0.50 的权重。

表 3—3　　　　　大学生创业环境条件政府政策评价

创业环境评价指标		各评价等级的百分比					统计评分
二级	三级	完全肯定	基本肯定	不确定	基本否定	完全否定	
政府政策	地方政府制定政策时优先考虑大学生创业						
	地方政府政策一直对新公司优惠						

三　政府项目支持

当前我国的经济结构正处于调整时期。大力扶持高新技术企业已被列为我国政府新时期的主要任务之一，国家已经相继出台了诸多政策扶持措施。国务院还批准设立了用于支持科技型中小企业技术创新项目的政府专项基金。这类项目应该是大学生创业具有优势的项目。各地政府也积极给予大学生创业项目支持。以大学生创业成功率最高的浙江省为例，从 2008 年开始，政府投入 1 亿元设大学生科技创新基金，利用每年产生的利息支持全省普通高等学校大学生科技创新活动。确立 600 个大学生科技创新项目，200 个大学生创新创业孵化项目，200 个大学生科技创新推广项目。2011 年，河南省开创由政府部门提供专利项目、场地、资金与高校联手帮助大学生创业的模式。为此设置一个三级指标测量政府项目支持力度，即科技园和企业孵化器给大学生创业提供有效支持。

表3—4　　　　　　　　**大学生创业环境条件政府项目评价**

创业环境评价指标		各评价等级的百分比					统计评分
二级	三级	完全肯定	基本肯定	不确定	基本否定	完全否定	
政府项目支持	科技园和企业孵化器给大学生创业提供有效支持						

四　教育与培训

教育和培训是创业活动得以开展的必要条件，也是创业者将潜在商业机会变为现实的基础，受到良好教育和高技能培训的创业者是创业取得成功的必要保证。我国自1998年清华大学举办首届学生创业计划大赛为起点，高校创业教育已经走过了10多年的发展历程。当前，高校创业教育成为全社会关注的一个热点，受到了政府部门的高度重视。2005年8月，国际劳工组织为培养大中学生创业意识和创业能力而专门开发和推广的创业教育课程体系——KAB项目被引入中国，大大促进中国创业教育的发展。浙江省高校的创业教育走在全国前列，其中义乌工商学院较早创立创业实践基地——创业园，提供学生免费工作室和仓库，并成立"创业学院"，专设新的创业课程，提供针对性培训，为学生创业提供广阔的平台。本书下设两个三级指标评价大学生创业的教育与培训环境，包括大学里设置了足够的关于创业的课程和项目、政府的再教育体系为创业做了很好的准备，赋予以上两个指标0.50、0.50的评价权重。

表 3—5　　　　　　　大学生创业环境条件教育与培训评价

创业环境评价指标		各评价等级的百分比					统计评分
二级	三级	完全肯定	基本肯定	不确定	基本否定	完全否定	
教育与培训	大学里设置了足够的关于创业的课程和项目						
	政府的再教育体系为创业做了很好的准备						

五　研究开发转移效率

研究开发转移效率指的是大学生研究和开发在多大程度上创造新的商业机会，以及研发是否可以为企业所用。近年来，我国许多高校承担着一些国家的科研项目，虽然高校申请专利的数量有了几十倍甚至上百倍的增长，但高校科研成果向产业的转移效率普遍较低，大学生的研究开发同样遇到这种情况。从浙江省这些年的抽查结果看，全省专利的实施率接近70%，在全国前列，但专利实施率的分布不均衡，企业的专利实施率达到80%—90%，而大专院校的专利实施率只有30%。究其原因，企业的专利完全是为了生产，而大学生申请的专利多数来源于书本和生活，市场认可度有限，以外观和实用新型的专利居多，发明创造专利少，这些专利走向市场还有很长一段路。为更全面了解我国大学生创业中研究开发转移效率，下设两个三级指标，分别为新技术、新科学和其他知识迅速从高校、研究机构向企业转移，有力支持大学生研究成果商业化。两个指标共同体现大学生创业成果和社会实践的紧密程度，在此分别赋予两个指标0.50、0.50的评价权重。

表 3—6　　　　大学生创业环境条件研究开发转移效率评价

创业环境评价指标		各评价等级的百分比					统计评分
二级	三级	完全肯定	基本肯定	不确定	基本否定	完全否定	
研究开发转移效率	新技术、新科学和其他知识迅速从高校、研究机构向企业转移						
	有力支持大学生研究成果商业化						

六　商业和专业基础设施

大学生创业的商务环境所涉及的内容至少包括四个方面，一是创业企业能够获得哪些资源，例如分包商、供应商、咨询机构。二是创业企业能够得到哪些服务，包括金融服务和非金融服务。金融服务包括银行服务，非金融服务包括法律服务、会计服务。三是创业企业能否找到这些资源。四是创业企业是否能够使用得起这些资源和服务。为此下设两个三级指标，分别为有足够的分包商、供应商和咨询机构为大学生创业提供帮助，当地有良好的基础设施，在此分别赋予上述两个指标 0. 50、0. 50 的评价权重。

表 3—7　　　　大学生创业环境条件商业和专业基础设施评价

创业环境评价指标		各评价等级的百分比					统计评分
二级	三级	完全肯定	基本肯定	不确定	基本否定	完全否定	
商业和专业基础设施	有足够的分包商、供应商和咨询机构为大学生创业提供帮助						
	当地有良好的创业基础设施（道路、公用设施、通信等）						

七　进入壁垒

大学生创业的进入壁垒显示的是当地的市场开放程度，首先体现在市场的变化。大的市场变化往往潜藏着大的创业机会。其次是面对市场机会，创业企业在进入市场时是否存在行业进入壁垒，是否存在成熟公司设置的不公平壁垒妨碍了新创企业的进入，归根结底就是是否存在一个公平竞争的环境。进入壁垒的高低影响着大学生创业行业的选择，这是影响该行业市场垄断和竞争关系的一个重要因素。该指标下设两个二级指标，分别为大学生创业能够很容易地进入新市场、反垄断方面法律有效且得到有力执行。分别赋予上述两个指标 0.50、0.50 的评价权重。

表 3—8　　　　　　　大学生创业环境条件进入壁垒评价

创业环境评价指标		各评价等级的百分比					统计评分
二级	三级	完全肯定	基本肯定	不确定	基本否定	完全否定	
进入壁垒	大学生创业能够很容易地进入新市场						
	反垄断方面法律有效且得到有力执行						

八　文化和社会规范

文化和社会规范主要指的是一个国家或地区的民族特征、人口状况、社会阶层、价值观念、生活方式、风俗习惯、宗教信仰、伦理道德、文化传统等的总和。文化和社会规范可能成为大学生创业的阻碍，一些家长根深蒂固的保守求稳的思想影响着大学生创业。《沪苏浙皖四地高校创业教育状况调研报告》显示，文化环境给大学生创新创业带来了一定的消极影响。以上海为例，上海社会存在的"白领文化"根深蒂固，上海青年"白领"

意识强，"首领"意识弱，缺乏在创业领域开拓进取的精神。另外，受中国传统"学而优则仕"思想影响，多数人认为考取公务员、进入事业单位和大企业上班显然是比自主创业更加明智的选择，而毕业后自我创业，尤其是在餐饮、咨询等传统行业的创业行为是大学生个人能力差的表现、是找不到工作时的选择，这给大学生创业带来比较大的心理冲击。文化和社会规范下设两个指标考察，分别为当地文化提倡自立、自治和个人主动性，当地文化鼓励创造和创新。在此分别赋予上述两个指标 0.50、0.50 的评价权重。

表 3—9　　　大学生创业环境条件文化和社会规范评价

创业环境评价指标		各评价等级的百分比					统计评分
二级	三级	完全肯定	基本肯定	不确定	基本否定	完全否定	
文化和社会规范	当地文化提倡自立、自治和个人主动性						
	当地文化鼓励创造和创新						

第三节　总结

大学生创业离不开良好的环境支持，按照 GEM 模型设计金融支持、政府政策、政府项目支持、教育与培训、研究开发转移率、商业和专业基础设施、进入壁垒、文化和社会规范等大学生创业环境条件评价指标及其二级指标，有利于政府、社会、学校对我国大学生创业环境有更全面的认识。我国大学生创业的发展历史较短，还存在诸多不利的环境因素，制约了大学生创业的健康发展，亟须采取措施加以改善。由于大学生创业环境涉及多方面因素，因而其完善必将是一项长期、复杂的系统工程，需要政府、高校和社会等主体的共同参与和协同配合。在全社会营造起一种创业型的社会文化，形成鼓励创业、尊重创业、宽容失败的良好社会文化氛围。为大学生创业创造宽松、和谐的环境，从而激发更多的大学生投身创业实践。

参考文献：

［1］清华大学创业研究中心：《中国创业活动评述——全球创业观察中国报告要点》，《中国人才》2003 年第 8 期。

［2］曹明：《基于 GEM 模型的中日创业环境比较研究》，《厦门理工学院学报》2007 年第 8 期。

［3］周丽：《GEM 框架下珠三角欠发达城市创业环境研究》，《特区经济》2006 年第 11 期。

［4］蔡莉、崔启国等：《创业环境研究框架》，《吉林大学学报（社会科学版）》2007 年第 1 期。

［5］梁建伟：《大学生专利，总在"沉睡"状态》，《钱江晚报》2012 年 6 月 26 日第 c0015 版。

［6］周凯：《子女创业，上海安徽家长态度相对消极》，《中国青年报》2012 年 6 月 11 日第 9 版。

第四章　大学生创业融资与投资指数研究

从大学生创业融资与投资角度研究，需要构建相关的指数指标体系，如果把这个体系从大学生资本来源的自有资本投资、非正式投资者投资和创业资本投资三个方面开展应该具有适宜的说服力。

第一节　大学生创业融资与投资概述

一　创业融资的界定

创业融资一般是指企业在发展初期或创业阶段的融资方式与融资渠道的选择。大学生创业者为了企业生存和发展的需要，筹集资金和运用资金的过程，该融资过程实际上是以资金供求形式表现出来的对企业资源配置的活动。创业融资的主要研究对象是创业企业的融资行为，即在一定的融资风险下，如何使融资资金成本最小，使得创业企业的价值最大化。

二　创业投资的界定

创业投资有如下定义：①机构组织定义。全美创业投资协会（NVCA）认为创业投资是由专业投资者投入新兴的、迅速发展的、有巨大竞争潜力的企业中的一种股权性资本。欧洲投资银行认为创业投资是为形成和建立专门从事某种新思想或新技术生产的小型公司而进行的股份形式承诺的投资。②学者定义。我国学者匡晓明认为创业投资是由确定多数或不确定多数投资者以集合投资方式设立基金，委托专业性的创业投资管理机构管理和运用基金资产，主要对未上市创业企业提供权益性资本，并通过资本经营服务直接参与企业创业过程，以期获取企业创业成功后的高资本增值的一种特定类型的投资。③官方定义。我国国家发展改革委等十部委发布《创业投资企业管理暂行办法》第 2 条规定："前款所称创业投资，系指向创业企业进行股权投资，以期所投资创业企业发育成熟或相对成熟后主要通过股权转让获得资本增值收益的投资方式。"

三　大学生创业融资与创业投资的特殊要求

牛玉全（2009）认为融资难，难在资金获得的渠道有限，银行贷不到款、家庭支持有限、风险投资不易获得，虽然有国家和社会政策的大力支持，大学生创业融资依然困难。郭伟威（2010）认为，目前我国大学生创业企业融资需求呈现几个特点：融资需求上存在急功近利性；融资对象的选择存在盲目性；融入资金的使用上缺乏责任感；融资中政府支付的覆盖面小；融资中商业机构不愿担风险以及贷款手续复杂；各大高校对于大学生创业融资方面的教育重视度不够。

因此大学生作为一个特殊的创业群体，他们的融资与投资有着特殊的要求，具体要求如下：①合理选择投资方向。大学生在创业过程中，筹集资金的主要目的是满足企业日常生产经营的需要及对外投资的需要。为了提高资金筹集的效益，大学生创业者必须认真研究和合理选择投资方向，即对投资项目在技术上的先进性和适用性，经济上的效益性和合理性，建设条件上的可靠性和可行性，进行详细调查、研究和论证，在此基础上决定最佳投资方案。②合理确定资金数额。企业为了组织和开展正常的生产经营活动和投资活动，必须拥有一定经济适度的资金，既能及时满足生产经营或投资的需要，又要保证资金的收益性。大学生创业者从实际出发，合理确定资金需要数额。在企业的实际经济活动中，无论是对内还是对外投资，资金的投放都不是一次进行的，而应结合实际情况科学合理安排资金的投放时间，以提高资金利用效果。③合理选择融资渠道和融资方式，降低企业资金成本。每一种融资方式，其资金成本都不一样。因此，大学生创业者在融入资金时，应从融资的实际情况出发，结合企业自身特点，合理选择对企业最有效的融资渠道，采用合适的融资方式，使得企业资金成本最低，企业价值最大。

第二节　目前大学生创业融资方式与选择途径

融资渠道是指资金的方向和资金的来源，体现着资金的源泉和流量。融资方式是指企业融入资金的手段、方式，体现着资金的路线和流向。大学生在创业之初，大多数人积蓄不多，创业资金成为创业者的一大难题。童裳辉（2009）认为，面对大学生创业的低成功率和融资困难，不仅需要政府目前的政策支持，更需要的是社会、家庭的扶助和支持。徐睿、张海鹰等（2009）认为，大学生创业资金的筹集，要依靠银行等金融机构来实现，采用向银行借款或寻求风险投资人及合作伙伴等多元化筹资渠道与方式，以抵押贷款方式开辟新路。应建立大学生创业筹集资金联盟，并将创业启动资金的预测、资金筹集的渠道与方式有机结合，促使资金成本最佳组合，达到资金成本最小化。郭伟威（2010）认为，我国大学生创业融资的来源主要包括政策基金、亲情融资、天使基金、合伙融资、风险投资、金融机构贷款。因此，大学生要积极开拓思路，多渠道融资，除了银行贷款、自融资金、民间借贷等传统途径外，还可充分利用风险投资、天使投资、创业基金等融资渠道。

一　自有资金

大学生创业者的自有资金是其创业资金的主要来源，一般认为自有资金充足，才有可能从外部吸引更多的资金投入，尤其是银行借款或亲情借款。外部资金的提供者普遍认为，如果创业者自己投入的资金有限，完全靠外部融资，那么创业者的融资成本会过高，有可能导致创业失败，使得外部资金提供者的资金风险加大。

大学生创办企业利用自有资金投入最大的优势是这种融资方式是最稳妥也是最有安全保障的资金来源，运用自有资金具有较大的灵活性和优越性，资金可以完全由自己安排支配，而且几乎不存在融资成本，除了机会成本损失外，投资时不需支付利息，因此投资成本较低。其最大的劣势是筹集资金数额往往有限，只能满足企业在创办之初的启动资金，随着企业规模的不断扩大，往往需要筹措外部资金来补充。

二　亲情融资

亲情融资是指大学生创业者向家庭成员或亲朋好友筹集资金的方式。亲情融资是目前大学生创业者筹集创业启动资金最为常见也最为简单有效的融资途径。在我国，因为亲情、友情因素的存在，通过这条途径取得亲友的支持，筹集创业资金就比较容易。

亲情融资这种方式最大的优势是融资成本相对较低，融资速度快，风险小，通常向亲戚朋友借钱，凭借的是创业者的亲戚关系或自身的信誉，一般不需要支付利息。亲情融资最大的劣势是向亲戚朋友借钱创业，如果创业失败就会影响双方感情，另外如果亲戚或朋友要求取得股东地位，就会分散创业者的控制权。

三　政府提供的创业基金

政府提供的创业基金通常被称为大学生创业者的"免费皇粮"，主要是指政府为了鼓励大学生创业，用于创业企业辅导和服务，支持技术创新，鼓励专业化发展以及开拓国际市场专门设立的基金。政府提供的创业基金一般有财政贴息和创新基金两种渠道。如永嘉县政府为大学生创业设立创业创新发展基金，总额是 2106 万元，信用社出资 2000 万元，永嘉县青年企业家协会出资 106 万元，专门用于扶持大学生创业。温州永嘉县委书记戴元兴说，"我们要求就是毕业 3 年以内的永嘉籍大学生，只要在校期间没有不良信用记录和违法行为，现在有比较可行的创业方案，就能来申请。我们就是想对那些有创业梦想、有创新能力的年轻人起到一个激励作用"。像这种政府设立的创业基金是大学生创业吸收政府投资的最理想方式，也是大学生创业最值得争取的融资方式。

大学生创业者利用政府提供的创业基金最大的优势是利用政府资金，不用担心投资方的信用问题，而且政府的投资一般都是免费的，融资成本很低。这种方式最大的劣势是大学生在申请创业基金时往往都有严格的程序和申请要求，并且政府每年投入的创业资金有限，一般大学生创业者融资得到的资金有限。

四　合伙融资

合伙融资是指按照"共同投资、共同经营、共担风险、共享利润"的原则，直接吸收外部单位或者个人投资合伙创业的一种融资途径。

大学生创业者使用合伙融资的优势是不但可以有效筹集到资金，还可以充分发挥人才的作用，并且有利于对各种资源进行利用和整合，增强企业信誉，能尽快形成生产能力，有利于降低创业风险。大学生创业者使用合伙融资的劣势是合伙人之间容易产生意见分歧，降低办事效率，也有可能因为权利与义务的不对等而产生合伙人之间的矛盾。

五　金融机构贷款

银行贷款被誉为创业融资的"蓄水池"，由于银行财力雄厚，而且大多具有政府背景，因此在创业者中很有"群众基础"。从目前的情况看，银行贷款有以下四种：一是抵押贷款，指借款人向银行提供一定的财产作为信贷抵押的贷款方式。二是信用贷款，指银行仅凭对借款人资信的信任而发放的贷款，借款人无须向银行提供抵押物。三是担保贷款，指以担保人的信用为担保而发放的贷款。四是贴现贷款，指借款人在急需资金时，以未到期的票据向银行申请贴现而融通资金的贷款方式。

大学生创业者利用银行贷款的优势是利息支出可以在税前抵扣，融资成本低，运营良好的企业在债务到期时可以续贷。大学生创业者利用银行贷款的劣势是一般要提供抵押（担保）品，由于要按期还本付息，如果企业经营状况不好，就有可能导致财务危机。

六　天使投资

天使投资（Angel Investment）是权益资本投资的一种形式，是指富有的个人出资协助具有专门技术或独特概念的原创项目或小型初创企业，进行一次性的前期投资。它是风险投资的一种形式，根据天使投资人的投资数量以及对被投资企业可能提供的综合资源进行投资。

大学生创业者利用天使投资的优势是投资操作程序较为简单，融资速度快，门槛也较低。大学生创业者利用天使投资的劣势主要表现在融资成本比较高，作为向新兴公司提供启动资金的交换，许多天使投资人经常要求获得公司一定的股权，至少10%或者更多，并期望在退出时获得高额的投资回报率。

七　风险投资

风险投资（venture capital），简称VC。广义的风险投资泛指一切具有高风险、高潜在收益的投资；狭义的风险投资是指以高新技术为基础，生产与经营技术密集性产品的投资。风险投资是一种融资和投资相结合的全新投资方式，投资的目的并不是为了获得企业的所有权，也不是为了控股，更不是为了经营企业，而是通过投资和提供增值服务把投资企业做大，然后通过公开上市（IPO）、兼并收购或其他方式退出，在产权流动中实现投资回报。

风险投资是一种高风险高回报的投资，风险投资家以参股的形式进入创业企业，为降低风险，在实现增值目的后会退出投资，而不会永远与创业企业捆绑在一起。而且，风险投资比较青睐那些有科技含量、创新商业模式运营、有豪华团队背景和现金流良好、发展迅猛的有关项目。因此，对于大学生创业者来说，刚踏上创业之路就接近那些金光闪闪的"钱袋子"绝非易事。大学生创业者如果对自己的项目和前景抱有充分的信心，可以找风险投资进行商洽，碰壁后，一定要及时对自己的项目进行理性的评估，及时采用其他方式进行融资。

第三节　大学生创业融资与投资评价指标体系的构建

根据 GEM（2007）研究，新创企业的资金来源主要有三种：一是创业者自有资金投入；二是非正式投资者投入（informal investment），主要针对除创业者外的私人权益投资的情况，包括家庭、朋友以及愿意对创业者投资的陌生人；三是创业资本投资。本章构建了由自有资本投资、非正式投资者投资、创业资本投资这三个二级指标和 12 个三级指标构成的大学生创业融资与投资指数评价指标体系（见表 4—1）。本文根据 GEM（2007）框架设计的自由资本投资、非正式投资者投资和创业资本投资这三个指标，指标之间是相互联系、密不可分的。针对大学生创业融资和投资的要求，大学生创业不仅需要利用个人的积蓄，即自有资本的投入，而且需要外部的融资，所以才有非正式投资者的投资和创业资本的投资。

表 4—1　　　　大学生创业融资与投资指数指标评价体系

二级指标	三级指标
自有资本投资	自身存款
	勤工俭学收入积累
	初始创业获利积累的资金
	各种奖金积累
非正式投资者投资	家庭投入
	朋友或邻居投入
	亲戚投入
	陌生人投入
创业资本投资	政府和国外资本投入
	银行创业投资部投入
	创业投资机构投入
	机构投资者投入

第四节　大学生创业融资与投资评价
指标的解释及权重设置

一　自有资本投资

（一）指标选取目的

根据 GEM（2007）的统计结果，在所有 GEM 参与国家和地区，创业者本人提供了 62% 的创业资金，其余 38% 来源于其他方面。大学生创办企业利用自有资金是最为稳妥也是最有保障的资金来源。由于它是创业者内部积累的资金，因而使用起来最为灵活，也最具优越性。利用创业者自有资金这条渠道筹措资金，其最大的好处就是资金可以完全由自己支配，而且企业的融资成本最低，除了机会成本损失外，投资时不需支付利息，因此投资代价较低。

（二）指标具体解释

大学生创业者自有资金是其创业企业资金的主要来源，创业者自有资本投入指的是大学生在创业时，利用自身的各式各样的积蓄，例如通过多年的长辈给予的压岁钱积累、父母和亲戚给予的生活费积累、课余各种兼职收入积累、原始创业获利积累的资金（如有些学生在大学以前就通过创业积累一定的资金）、在校期间各种奖学金和助学金收入、通过参加各种创业比赛获得的奖金积累、家庭的积蓄等等。这种原始的资金积累方式使得大学生的初始创业有了启动资金，有了创业的冲动和创业的信心。因此，自有资本投资指标又分解为自身存款、勤工俭学收入积累、初始创业获利积累的资金和各种奖金积累。综合上述，本书把自有资本投资分成四个三级指标，即自身存款、勤工俭学收入积累、初始创业获利积累的资金和各种奖金积累。其中自身存款是指大学生积存的父母或亲戚长辈给予的生活费或压岁钱积累，勤工俭学收入积累指大学生在平时通过校内兼职或校外兼职赚取的各种收入，初始创业获利积累的资金是指大学生在上大学以前或在大学期间创业获利的资金，各种奖金积累指大学生在大学期间获得的各种奖学金收入或通过参加创业比赛奖金收入。

（三）指标权数及评分标准

在设置的这三个二级指标中，大学生在创业初始阶段，利用自有资本的投入最容易取得，因此，本书把自有资本的投入权数设置为 0.2。其中自身存款、勤工俭学收入积累、初始创业获利积累的资金和各种奖金积累，其投入的比例各占一定优势，因此这四个三级指标的权数再细分，每项均占 0.25。自身存款占 0.25，具体分数设置为每 1000 人用作投资额度达到 1 万元计 0.1 分，每增加 1 万元增加 0.1 分，以此类推，大于等于 10 万元计 1 分。勤工俭学收入积累占 0.25，具体分数设置为每 1000 人用作投资额度达到 1 万元计 0.1 分，每增加 1 万元增加 0.1 分，以此类推，大于等于 10 万元计 1 分。初始创业获利积累的资金占 0.25，具体分数设置为每 1000 人用作投资额度达到 1 万元计 0.1 分，每增加 1 万元增加 0.1 分，以此类推，大于等于 10 万元计 1 分。各种奖金积累占 0.25，具体分数设置为每 1000 人用作投资额度达到 1 万元计 0.1 分，每增加 1 万元增加 0.1 分，以此类推，大于等于 10 万元计 1 分。

二　非正式投资者投资

（一）指标选取目的

非正式投资者（informal investment），主要针对除创业者外的私人权益投资的情况，包括家庭、朋友以及愿意对创业者投资的陌生人。根据 GEM（2007）的统计结果，在所有 GEM 参与国家和地区，除了创业者自身的资金投入外，外部资金来源是其获取创业资金的重要方面，如创业基金、亲情融资、天使基金、合伙融资、风险投资和金融机构贷款等方式。家庭、亲戚、朋友等仍是创业者获取创业资金的主要期望来源，此外，银行和其他金融机构是创业者最为期望能够获得的创业资金来源。但在实际创业中，能够获取创业资本和银行等金融机构的借款比例非常低，非正式投资者的资金投入就成为其外部资金的绝对重要的来源。另外，非正式投资者中陌生人对具有良好商业创意的支持比例仅有不到8％。这表明，对于创业者来说，从身边比较熟悉的人中获得资金支持是一种非常理性的选择。即使是拥有良好的商业创意，创业者要想从不熟悉的陌生人那里得到创业资助，仍然是比较困难的。

（二）指标具体解释

本书把非正式投资者投资这个二级指标又具体细分为四个三级指标，即家庭投入、朋友或邻居投入、亲戚投入和陌生人投入。其中家庭投入指大学生的父母或兄弟姐妹对大学生创业的资金投入，朋友或邻居投入指大学生的朋友或邻居对大学生创业的资金投入，亲戚投入指大学生的远房亲属或近亲亲属对大学生创业的资金投入，陌生人投入指对大学生的商业创意感兴趣或不感兴趣的陌生人投入。

（三）指标权数及评分标准

在设置的这三个二级指标中，非正式投资者投资相对于自由资本投资，一般不容易取得，因此，本书把非正式投资者投资的投资权数设置为0.3。其中家庭投入、朋友或邻居投入、亲戚投入和陌生人投入这四项中，家庭投入最容易取得，亲戚投入较容易取得，朋友或邻居投入一般容易取得，陌生人投入最不容易取得。因此，本书把家庭投入、朋友或邻居投入、亲戚投入和陌生人投入四个三级指标的权数再细分，其中家庭投入占0.1，分数设置为投资额度达到10万元计0.1分，每增加10万元增加0.1

分，以此类推，大于等于 100 万元计 1 分；朋友或邻居投入占
0.2，分数设置为投资额度达到 10 万元计 0.1 分，每增加 10 万
元增加 0.1 分，以此类推，大于等于 100 万元计 1 分；亲戚投入
占 0.2，分数设置为投资额度达到 5 万元计 0.1 分，每增加 5 万
元增加 0.1 分，以此类推，大于等于 50 万元计 1 分；陌生人投
入占 0.5，投资额度达到 5 万元计 0.1 分，每增加 5 万元增加
0.1 分，以此类推，大于等于 50 万元计 1 分。

三　创业资本投资

（一）指标选取目的

创业资本是创业者的重要资金来源，但是从实际情况来看，能
够得到创业资本的公司却非常有限。即使在创业最为活跃的美国，
10000 家新企业中不到 1 家企业能够获得创业资本，1000 家企业中
不到 1 家在其创业过程中能够得到创业资本。但是有一些高成长
型企业和创业资本的获得却有很强的相关性，例如创业资本对谷
歌、微软等企业的成长起到重要的作用。创业资本所选择的行业
一般都是市场前景广阔的制造业、具有新的商业模式（business
model）的服务业或某些特殊的消费品行业。通常这些行业的成长
速度高于 GDP 增长的速度，在公开股票市场上这类行业的平均市
盈率也比较高，而且这些行业里企业 IPO 和并购也频繁一些。同
样，很多创业资本专门投资于高科技企业，因为高科技产品往往
具有比较高的产品附加值，能够满足新的市场需求，开发生产高
科技产品的企业往往具有较高的利润空间和市场发展空间，所以
有些创业资本与高科技并没有必然的联系，但也有很多创业资本
偏好传统行业，有些投资公司专门投资于内部经理人收购（MBO）
或外部管理人收购（MBI）的项目，还有一些投资公司特别喜欢
投资于有潜力扭亏为盈（turn around）的企业。大学生作为一群特
殊的创业群体，通过自己的努力，即使企业科技含量不高，只要

有潜力持续快速地成长，也一样可能获得创业资本投资。

（二）指标具体解释

创业资本投资是指向主要属于科技型高成长型创业企业进行股权投资，或为其提供管理和咨询服务，以期在被投资企业发展成熟后，通过股权转让获取收益的投资行为。本书把创业资本投资这个二级指标又具体细分为四个三级指标，即政府和国外资本投入、银行创业投资部投入、创业投资机构投入和机构投资者投入。其中政府和国外资本投入指政府或国外资本对大学生创业的资金投入，银行创业投资部投入指投资银行创业投资部或商业银行创业投资部投入。创业投资机构包括创业投资公司和创业投资管理公司，创业投资公司为非金融性的投资公司，是直接投资于高新技术产业和其他技术创新产业的创业投资机构。创业投资管理公司是为创业投资公司提供相关管理和咨询服务的创业投资机构。机构投资者投入指养老基金或保险基金的投入。

（三）指标分数设置

在设置的三个二级指标中，创业资本投资最不容易取得，因此，本书把非正式创业资本投资权数设置为0.5。其中政府和国外资本投入、银行创业投资部投入、创业投资机构投入和机构投资者投入这四个三级指标的权数再细分。政府和国外资本投入占0.25，分数设置为投资额度达到10万元计0.1分，每增加10万元增加0.1分，以此类推，大于等于100万元计1分。银行创业投资部投入占0.25，分数设置为投资额度达到10万元计0.1分，每增加10万元增加0.1分，以此类推，大于等于100万元计1分。创业投资机构投入占0.25，分数设置为投资额度达到10万元计0.1分，每增加10万元增加0.1分，以此类推，大于等于100万元计1分。机构投资者投入占0.25，分数设置为投资额度达到10万元计0.1分，每增加10万元增加0.1分，以此类推，大于等于100万元计1分。

四　大学生创业融资与投资指数指标体系汇总

表 4—2　　　　　大学生创业融资与投资指数指标体系汇总

二级指标	权重	三级指标	权重	指标具体内容	权重	打分方法
自有资本投资：指的是大学生在创业时，利用自身的各式各样的积蓄，例如通过多年的长辈给予的压岁钱积累、父母和亲戚给予的生活费积累、课余各种兼职收入积累、原始创业获利积累的资金、在校期间各种奖学金和助学金收入、通过参加各种创业比赛获得的奖金积累、家庭的积蓄等等	0.2	自身存款：指大学生积存的父母或亲戚长辈给予的生活费或压岁钱积累	0.25	生活费积累	0.5	每 1000 人用作投资额度达到 1 万元计 0.1 分，每增加 1 万元增加 0.1 分，以此类推，大于等于 10 万元计 1 分
				压岁钱积累	0.5	
		勤工俭学收入积累：指大学生在平时校内兼职或校外兼职赚取的收入	0.25	校内兼职收入	0.6	每 1000 人用作投资额度达到 1 万元计 0.1 分，每增加 1 万元增加 0.1 分，以此类推，大于等于 10 万元计 1 分
				校外兼职收入	0.4	
		初始创业获利积累的资金：指大学生在入大学以前或在大学期间个人独资或合伙共同创业获利的资金	0.25	独资创业获利	0.6	每 1000 人用作投资额度达到 1 万元计 0.1 分，每增加 1 万元增加 0.1 分，以此类推，大于等于 10 万元计 1 分
				合伙创业获利	0.4	
		各种奖金积累：指大学生在大学期间获得的各种奖学金收入或通过参加创业比赛奖金收入	0.25	奖学金收入	0.5	每 1000 人用作投资额度达到 1 万元计 0.1 分，每增加 1 万元增加 0.1 分，以此类推，大于等于 10 万元计 1 分
				参加创业比赛奖金收入	0.5	

二级 指标	权重	三级指标	权重	指标具 体内容	权重	打分方法
非正式投资者投资：主要指针对除创业者外的私人权益投资的情况，包括家庭、朋友以及愿意对创业者投资的陌生人投资	0.3	家庭投入：指大学生的父母或兄弟姐妹对大学生创业的资金投入	0.1	父母投入	0.5	投资额度达到 10 万元计 0.1 分，每增加 10 万元增加 0.1 分，以此类推，大于等于 100 万元计 1 分
				兄弟姐妹投入	0.5	投资额度达到 10 万元计 0.1 分，每增加 10 万元增加 0.1 分，以此类推，大于等于 100 万元计 1 分
		朋友或邻居投入：指大学生的朋友或邻居对大学生创业的资金投入	0.2	朋友投入	0.5	投资额度达到 5 万元计 0.1 分，每增加 5 万元增加 0.1 分，以此类推，大于等于 50 万元计 1 分
				邻居投入	0.5	投资额度达到 10 万元计 0.1 分，每增加 10 万元增加 0.1 分，以此类推，大于等于 100 万元计 1 分
		亲戚投入：指大学生的远房亲属或近亲亲属对大学生创业的资金投入	0.2	远房亲属投入	0.4	投资额度达到 5 万元计 0.1 分，每增加 5 万元增加 0.1 分，以此类推，大于等于 50 万元计 1 分
				近亲亲属投入	0.6	投资额度达到 1 万元计 0.1 分，每增加 1 万元增加 0.1 分，以此类推，大于等于 10 万元计 1 分

二级指标	权重	三级指标	权重	指标具体内容	权重	打分方法
非正式投资者投资：主要指针对除创业者以外的私人权益投资的情况，包括家庭、朋友以及愿意对创业者投资的陌生人投资	0.3	陌生人投入：指对大学生的商业创意感兴趣或不感兴趣的陌生人投入	0.5	对大学生的商业创意感兴趣的陌生人投入	0.4	投资额度达到 10 万元计 0.1 分，每增加 10 万元增加 0.1 分，以此类推，大于等于 100 万元计 1 分
				对大学生的商业创意不感兴趣的陌生人投入	0.6	
创业资本投资：创业资本投资是指向主要属于科技型高成长型创业企业进行股权投资，或为其提供管理和咨询服务，以期在被投资企业发展成熟后，通过股权转让获取收益的投资行为	0.5	政府和国外资本投入：指政府或国外资本投入对大学生创业的资金投入	0.25	政府资本投入	0.4	投资额度达到 10 万元计 0.1 分，每增加 10 万元增加 0.1 分，以此类推，大于等于 100 万元计 1 分
				国外资本投入	0.6	
		银行创业投资部投入：指投资银行创业投资部或商业银行创业投资部投入	0.25	投资银行创业投资部	0.5	投资额度达到 10 万元计 0.1 分，每增加 10 万元增加 0.1 分，以此类推，大于等于 100 万元计 1 分
				商业银行创业投资部	0.5	

二级指标	权重	三级指标	权重	指标具体内容	权重	打分方法
创业资本投资：创业资本投资是指向主要属于科技型高成长型创业企业进行股权投资，或为其提供管理和咨询服务，以期在被投资企业发展成熟后，通过股权转让获取收益的投资行为	0.5	创业投资机构投入：包括创业投资公司和创业投资管理公司。创业投资公司为非金融性的投资公司，是直接投资于高新技术产业和其他技术创新产业的创业投资机构。创业投资管理公司是为创业投资公司提供相关管理和咨询服务的创业投资机构	0.25	创业投资公司	0.5	投资额度达到 10 万元计 0.1 分，每增加 10 万元增加 0.1 分，以此类推，大于等于 100 万元计 1 分
				创业投资管理公司	0.5	
		机构投资者投入：指养老基金或保险基金的投入	0.25	养老基金	0.5	投资额度达到 10 万元计 0.1 分，每增加 10 万元增加 0.1 分，以此类推，大于等于 100 万元计 1 分
				保险基金	0.5	

第五节　结束语

本章基于 GEM（2007）的基本框架，构建了大学生创业融资与投资指数指标体系。这个体系设置主要是从自有资本投资、非正式投资者投资和创业资本投资这三个方面展开，如前所述，大学生创业融资的渠道不止这些。这也是本书后续即将要展开的研究，目前的研究结果还只是理论初探，对各个指标的权数设置及评分标准还是主观设定，有待下一步实证研究加以校正。

参考文献：

［1］牛玉全：《融资难成大学生创业路上最大问题》，《教育与职业》2009年第19期。

［2］徐睿、张海鹰等：《大学生创业如何预测和筹集资金》，《商业经济》2009年第5期。

［3］童裳辉：《浙江大学生创业的融资分析》，《消费导刊》2009年第11期。

［4］郭伟威：《大学生创业融资模式研究》，博士学位论文，山西财经大学，2010年。

［5］李洪江：《我国创业资本的筹资特征及对策分析》，《中国集体经济》2008年第4期。

［6］肖焯东：《天使投资——中小企业融资新途径》，《现代企业教育》2009年第19期。

［7］张彦军：《风险投资在大学生创业中的应用与实践》，《河南科技学院学报》2012年第9期。

第五章 大学生创业带动就业效应的评价指标研究

就业问题仍是人类经济发展与幸福的最重要标志，大学生创业具有带动就业的效应，这是不容置疑的。但是，大学生创业带动就业效应的评价指标仍然需要进行定量分析。

第一节 问题的提出

以创业带动就业，鼓励劳动者通过创业增加更多的就业岗位，既是世界各国缓解就业问题的成功经验，也是当前高校解决大学生就业问题的重要途径。通过创业的倍增效应，带动就业的整体增长。近些年，随着全球就业压力增加，国内外学者热衷于创业带动就业的研究。Van Praag（2001）曾经提出，创业可以增加就业机会而减少失业率。Audret sch 等人的研究发现，在经合组织（OECD）国家的经济中，企业正朝着小型化发展，人们更加注重自我创业。从长远来看，这将推动经济增长加速和减少失业。《全球创业观察中国报告》（2007）通过综合创业类型未来五年带动就业乘数的数值模拟分析结果，说明了不同的创业类型的就业效应的变化。创业类型从生存型创业变为机会型创业，带来的岗位增加的正相关性，近些年更为明显。

浙江省地处我国东南沿海经济发达地带，又是全国民间资本活跃地带，大学生创业氛围浓厚，大学生就业观念开放（不计较就业单位的属性），大学生创业带动就业效应比较明显，通过"浙江省大学生创业带动就业效应的评价指标研究"，探索大学生创业带动就业效应的评价指标体系，为地方政府及高校推动大学生创业与就业活动提供参考。

第二节　创业带动就业

创业带动就业，是指劳动者创办各种类型的新企业能促进就业，包括合作组织、个体经营及项目等。创业带动就业主要体现在通过创业实现劳动者自主就业和创业增加工作岗位，拓展就业机会，帮助劳动者就业。但是，不同特征的创业者创业动机差异明显。创业带动就业，其贡献体现在当前贡献与未来五年贡献也有不同。一般地，不同特征的创业类型带动就业对当年贡献差异不很明显，而对未来五年就业的贡献差异显著。因为机会创业类型能通过一人创业创造一批就业岗位的倍增效应。创业带动就业的倍增效应还体现在新创建的企业或公司，能从原来单纯的就业人群中培养和造就更多的创业主体，而新的创业主体又会提供更多的就业机会，从而实现创业者与就业岗位增加的良性互动。

一　创业动机与创业类型

创业动机是创业者在对自身创业能力有一定估价下的产物。英国伦敦商学院全球创业观察（GEM，2001）报告中第一次提出了机会型创业与生存型创业的概念，基于创业动机将创业活动分为"生存型创业"和"机会型创业"。报告指出，创业者在一定的社会和个人背景下产生创业动机。创业产生于生存动机而产生的创业为生存型创业。生存型创业是创业者把创业作为其不得不做出的选择（没有其他选择或不满意其他选择），创业者必须依靠创业为自己的生存和发展谋求出路：产生于机会的动机，由此产生的创业属于机会型创业，创业者把创业作为其职业生涯的选择，他们看到了比目前工作机会更好的创业机会而选择的创业。中国的创业动机已以生存型为主的创业动机转变为以机会型为主的创业动机，从而实现了创业转型。

二　创业类型带动就业效应

创业带动就业的倍增效应是通过创业者新创立的企业，能创造更多就业岗位和就业机会，从而促进社会就业容量的扩大和增长。无论是发展型创业还是生存型创业，都能够带动就业并产生促进就业的倍增效应。创业者通过创业活动，可以实现劳动者自主就业；同时，随着创业规模的扩大，能够创造更多的就业岗位，吸收更多的劳动者就业，从而实现创业带动就业的倍增效应。全球创业观察报告（GEM，2007）显示，机会型创业者的平均年龄低于生存型创业者的平均年龄，受教育程度平均高于生存型创业者的受教育程度，城市机会型创业者以机会型创业为主，农村多为生存型创业。从创业对未来五年就业的贡献来看，每增加一个机会型创业者，当年带动就业岗位为 2.77 个，未来五年带动就业岗位平均为 5.99 个。GEM 研究表明，不论是高校还是地方，需要搭建创业平台、提供创业机会，从而产生更多的机会型创业。

第三节　大学生创业带动就业效应的指标体系建立

为了深入剖析大学生创业带动就业的效应，课题组通过走访座谈与问卷调查等方式实施数据的采集（调查问卷见附录三）。本次调查主要走访了浙江省部分地方高校创业与就业工作办（有些学校是创业研究室、学生处）、地方工商联（部分地市的工商局）、大学生（含毕业生与在校生）创业公司等机构，得到了相关机构的大力支持，再次表示感谢。调查问卷的调研对象以大学毕业生为主、在校生为辅，通过线上与线下相结合的调研方式实施调研，得到了相应的调研数据，分析得出大学生创业带动就业效应的指标。

一　一级指标

（一）一级指标

表 5—1　　　　　大学生创业带动就业效应指标内容

指标编号	指标内容	权重
X_1	创业类型与提供就业岗位数	0.2
X_2	创业者受教育程度	0.2
X_3	创业者的年龄	0.1
X_4	创业公司的成长年限	0.2
X_5	政府扶持力度	0.1
X_6	创业行业	0.1
X_7	大学生创业培训情况	0.1

（二）一级指标含义

X_1：表示大学生"创业类型与创业公司提供的就业机会与岗位数"对就业带动效应。

X_2：表示创业者"受教育程度（高中以下、高中或中专、大学专/本、研究生）"对就业带动效应。

X_3：表示创业者"不同年龄阶段"对就业带动效应。

X_4：表示创业者"创业公司的成长年限的长短（当年、2—5 年……）"对就业带动效应。

X_5：表示创业者享受"不同政府创业扶持力度"下对就业带动效应。

X_6：表示创业者进入"不同行业创业"下对就业带动效应。

X_7：表示大学生"参加职业生涯规划与就业培训的不同"创业对就业带动效应。

（三）概念说明

（1）创业人数是指城乡各类劳动者通过自主创办生产经营项目、企业或从事个体经营的人数。

（2）参加创业培训人数是指从事创业活动的人员中符合相关条件参加创业培训的人数。

（3）创业带动就业人数是指城乡各类劳动者从事创业活动吸纳就业的人数。

二 二级指标

通过对各一级指标分析，根据不同状态下对创业带动就业效应程度，分别分解为若干二级指标，并给予相应的权重。见表5—2所示。

表5—2　　　　大学生创业带动就业效应二级指标体系

一级指标	权重	二级指标	权重	打分方法
创业企业提供的就业岗位数	0.2	生存型创业企业提供的就业岗位数	0.2	A. 15 个岗位以上。B. 8—14 个岗位。C. 5—7 个岗位。D. 3—4 个岗位。E. 2 个岗位以下。
		综合型创业企业提供的就业岗位数	0.3	A. 15 个岗位以上。B. 8—14 个岗位。C. 5—7 个岗位。D. 3—4 个岗位。E. 2 个岗位以下
		机会型创业企业提供的就业岗位数	0.5	A. 15 个岗位以上。B. 8—14 个岗位。C. 5—7 个岗位。D. 3—4 个岗位。E. 2 个岗位以下

一级指标	权重	二级指标	权重	打分方法
创业者受教育程度	0.2	生存型创业者受教育程度	0.2	A. 硕士研究生以上。B. 大学本科。C. 高职高专。D. 高中、中专。E. 初中以下
		综合型创业者受教育程度	0.3	A. 硕士研究生以上。B. 大学本科。C. 高职高专。D. 高中、中专。E. 初中以下
		机会型创业者受教育程度	0.5	A. 硕士研究生以上。B. 大学本科。C. 高职高专。D. 高中、中专。E. 初中以下
创业者的年龄	0.1	生存型创业者年龄	0.2	A. 24 岁以下。B. 25—29 岁。C. 30—34 岁。D. 35—39 岁。E. 40 岁以上
		综合型创业者年龄	0.3	A. 24 岁以下。B. 25—29 岁。C. 30—34 岁。D. 35—39 岁。E. 40 岁以上
		机会型创业者年龄	0.5	A. 24 岁以下。B. 25—29 岁。C. 30—34 岁。D. 35—39 岁。E. 40 岁以上
创业公司的成长年限	0.2	生存型创业公司的成长年限	0.2	A. 4 年。B. 2—3 年。C. 5 年。D. 6 年以上。E. 0—1 年
		综合型创业公司的成长年限	0.3	A. 4 年。B. 2—3 年。C. 5 年。D. 6 年以上。E. 0—1 年
		机会型创业公司的成长年限	0.5	A. 4 年。B. 2—3 年。C. 5 年。D. 6 年以上。E. 0—1 年

一级指标	权重	二级指标	权重	打分方法
政府扶持力度	0.1	国家级	0.4	A. 支持力度很强。B. 支持力度较强。C. 支持力度一般。D. 支持力度较弱。E. 支持力度很弱
		省级	0.3	A. 支持力度很强。B. 支持力度较强。C. 支持力度一般。D. 支持力度较弱。E. 支持力度很弱
		市级	0.2	A. 支持力度很强。B. 支持力度较强。C. 支持力度一般。D. 支持力度较弱。E. 支持力度很弱
		本校	0.1	A. 支持力度很强。B. 支持力度较强。C. 支持力度一般。D. 支持力度较弱。E. 支持力度很弱
创业企业个数	0.1	采集冶炼类	0.1	A. 20 个以上。B. 16—20 个。C. 11—15 个。D. 5—10 个。E. 5 个以下
		移动转移类	0.2	A. 20 个以上。B. 16—20 个。C. 11—15 个。D. 5—10 个。E. 5 个以下
		顾客服务类	0.3	A. 20 个以上。B. 16—20 个。C. 11—15 个。D. 5—10 个。E. 5 个以下
		商业服务类	0.4	A. 20 个以上。B. 16—20 个。C. 11—15 个。D. 5—10 个。E. 5 个以下

续表

一级指标	权重	二级指标	权重	打分方法
大学生创业培训程度	0.1	学校普及教育	0.2	A. 参加了整体系统培训。B. 参加过半系统培训。C. 参与主体内容培训。D. 参与培训。E. 培训不足
		创业学院培训	0.3	A. 参加了整体系统培训。B. 参加过半系统培训。C. 参与主体内容培训。D. 参与培训。E. 培训不足
		社会专业机构培训	0.5	A. 参加了整体系统培训。B. 参加过半系统培训。C. 参与主体内容培训。D. 参与培训。E. 培训不足

说明：评价等级分 A、B、C、D、E 五级，其系统分别为 100 分、80 分、60 分、40 分、20 分

第四节　大学生创业带动就业优势分析

一　中国创业优势

2008 年，国办转发了人力资源社会保障部等部门《关于促进以创业带动就业工作的指导意见》，国家政府及相关机构分别出台了鼓励全民创业的政策，创业大环境有明显改良。中国具有雄厚的鼓励企业创建与发展的历史文化底蕴与社会基础，创业成功者往往是人们敬仰的对象，创业是人们追求合理致富目标的重要渠道。成功的创业者是富有能力的基本标志，从而鼓励着人们的创业激情。创业机会多、创业动机强烈成为中国创业的最大优势特点。《全球创业观察中国报告》（2007）显示，中国创业机会多、好机会多，把握好机会的人多。调查显示，中国期望在 3 年内创办企业的人员为发达国家的 3.29 倍，是日本的 6.8 倍。

二 大学生创业机会

近些年，国家比较重视创业，支持大学生创业，国家及地方政府出台了很多优惠政策，包括提供政策咨询、创业小额资金贷款、税收减免、创业培训与指导、跟踪服务等多方面，包括大学生创业优惠政策。有许多地区建立了大学生创业园、大学生创业孵化中心等扶持大学生创业平台。许多大学生父母有过自己创业的经历或经营着自己的小企业，会影响子女立志创业动机，父母支持与鼓励子女创业，有利于子女的创业信心，特别是江浙一带表现尤为突出。高等学校更是把创业教育看成是一个连续的教育过程，设计了一系列的创业教育环节。从创业课程来看，虽然教学内容跟不上形势的发展，创业教育形式缺乏多样性、层次性的设置，但是大学都在重视创业教育及实践环节，营造良好的创业氛围，不断地鼓励创业形式的改革，不断为大学生创业出台相关鼓励性政策、打造大学生创业教育平台，通过创业教育鼓励大学生创业的动机、培养大学生在复杂性日益增加的商业经营环境中识别并把握创业机会和创新的创业能力。

三 大学生创业能力带动就业优势

创业能力，是指在一定条件下，潜在的创业者将各种资源整合，把自己的创业设想成功变为现实的能力，包括创业技能和创业动机。

大学生创业拥有良好的创业氛围。大学生创业氛围是大学生在大学区域范围内创业意愿、创业冲动和创业行为的社会整体状态，是大学生创业者表现出来的意志与行为。作为高校创业氛围的营造，不能单纯地依赖于工学结合中企业一方，更要重视校内环境的建设。通过实践环节的设计与培养、大学生创业的舆论宣传、创业论坛或创业讲坛等活动、开设创业性课程、开展创业竞赛活动、设立创业投资基金和创业科研项目等，不仅扶持了大学生创业，同时，创业成功实例也激励了其他学生的创业动机。

成功的创业典范在就业带动方面体现得淋漓尽致。校园的成功创业者，一方面，通过创业提供就业岗位、直接接受大学生创业，更在于提供在校生创业实践平台，使学生在校期间，首先通过在创业成功企业参与工学结合实践、对创业产生感性认知、掌握专业技能、积累创业知识与经验，进而激发其创业动机。采取创业行为，进而又为低年级学生提供专业对口的工学结合及就业岗位，形成大学生创业带动就业的"倍增效应"。

第五节　大学生创业带动就业实效分析

创业带动就业具有显著的现实效果。从本次调查来看，浙江省的创业企业，主要是中小企业，甚至微型企业。这里包括大学生创业企业，他们对大学生就业起到了巨大的推动作用。以浙江工贸职业技术学院为例，2010 届 2530 名毕业生中，有99.71% 就业于民营企业。该校电子商务专业的应届毕业生100% 有创业培训、100% 有创业企业提供的岗位工作（带薪工学结合实践）经历、47.94% 有创业经历、近三年平均创业率达 6.79%。该校创业氛围浓厚，有国家级、省级创业之星，他们对在校生的影响力很强，启发在校生的创业激情。每个创业者为在校大学生提供了 25—30 个工作岗位，这些岗位可以为在校生工学结合实践提供便利，同时也吸收应届毕业生。该校积极实施创业带动就业的政策，近 5 年有 780 人实现成功创业，从而实现和带动了 4200 人创业实践及就业，缓解了政府部门的就业压力，本校毕业生在这些创业者公司得到优先就业便利，该校近三年的创业就业率达到 98.49%（见表 5—3）。

第三方调查公司麦可思调查显示：浙江工贸职业技术学院 2010 届毕业生一年后就业率为 96.7%，高于本省高职的 94.7%；该院 2010 届毕业生一年后自主创业率为 7%，高于本省高职的 3.2%；该院 2010 届毕业生一年后实际月收入为 2634 元，高于本省高职的 2368 元。

表 5—3　　　**浙江工贸职业技术学院 2007—2011 年就业情况**

年份	2007	2008	2009	2010	2011
毕业生数（人）	1477	1612	2123	2530	2683
初次就业率（%）	97.56	98.01	98.02	98.58	98.88
创业率（%）	—	—	—	7	—

总结该校的创业经验，基本有以下几方面。

一　领导带头、发展迅猛

学院领导非常重视大学生创业项目。早在 2003 年，率先在校内建立创业孵化中心，2004 年，与温州团市委联合建立温州市大学生科技创业园。2006 年，学院专门成立创业教育研究所。近些年，温州市大学生科技创业园已成功注册了 38 家成熟的创业实体和正式成立的公司，成功孵化 112 支创业团队、约 672 名创业者创业。学生创业实体的年营业额达到 1800 多万元，学生公司和工作室累计提供 42000 人次的勤工俭学和就业实习岗位。培育了 2 名浙江省大学生创业之星、1 名浙江省最具潜质的创业之星和 1 名全国大学生创业之星。该院党委书记何向荣教授还主编《纵横职场——高等职业教育学生就业与创业指导》的创业就业教材，并担任教育部 2010—2015 年高等学校创业教育指导委员会副主任委员。

二　政策到位、资金扶持

为了鼓励和支持大学生创业，学院建立了专门的创业学院、创业研究、创业咨询、企业诊断、管理培训等机构，引导学生在创业实践中将创业与专业、科技相结合，从地方经济优势入手找到对应的创业方向，确立创业项目。从制度机制上不断完善相关扶持政策。2009 年，下发了《关于设立大学生科技创业基金的通知》（浙工贸院〔2009〕20 号）文件，专项设立浙江工贸职业技术学院大学生科技创业基金，资金总额为 100 万元，属公益基金，供学院大学生周转使用。

三　搭建平台、重视服务

学院不仅成立了上述的创业扶持机构与政策，建立创业服务体系，更为有创业意愿的大学生创业搭建创业平台与创业服务平台，并使创业帮扶全程化。浙江工贸职业技术学院与地方政府联合建设了创业孵化中心、浙江创意园、温州知识产权服务园、温州服务外包学院、温州名购网等校企政合作平台，还建有校办公司与工厂车间、大学生创业公司等，聘请行业企业专家讲座、校园内企业现场指导、引企入校，给学生参与企业创业项目的开发和推介的机会，使之了解市场化运作的创业项目评估和推介制度等，开展创业成果展示、为创业者提供创业信息等，实现全面扶持创业过程的综合服务。

四　系统教育、分层培训

创业学院承担系统创业教育工作，着重培养大学生的创业素质。通过思想教育，培养学生艰苦创业的精神、自信心与责任感等创业者基础素质，同时，各二级学院（系）建立多层次、多方式的专业创业培训机构，采取集中培训、团队指导、个别交流等多种形式，培养大学生健康创业心态和创业能力。

五　创业教育融入人才培养全过程

创业教育不能停留在创业培训上，要较早地对（大一入学后）大学生进行创业意识和创业精神的培养、大二继续创业能力与创业素质培养、大三强调创业过程指导等。

在创业教育融入人才培养过程中，充分利用现有条件和资源，建立一批创业实训基地，推进创业实训。开设创业指导课程。结合市场调查等课程，组织学生进行社会调查和劳动实践活动。

当然，创业教育不能仅仅依靠学校一方的努力，国家与地方政府的重视与支持相当重要。各地政府和相关机构，弘扬创业精神，营造创业氛围，鼓励大学生们自主创业和自谋职业，加大创业带动就业的政策支持力度，包括场地（即创业园区）、技术、财税、融资、房租补贴等扶持政策，对推动大学生创业带动就业有深远的影响力。

创业是就业的基础，创业对就业具有倍增效应。创业带动就业是推动就业、解决就业压力的重要途径。加强对创业带动就业的倍增效应研究，对解决我国当前大学生扩招后的就业难问题有重要意义。

参考文献：

［1］Audretsch D. B. , Thurik A. R. , Verheul I. Entrepreneueship：Determinanes and Policy in a European US Comparison Boston：Kluwer Academic Publishers, 2002.

［2］徐建军、杨宝华：《大学生创业类型的就业比较分析》，《创业与创业教育》2011 年第 6 期。

［3］石磊：《浅谈大学生创业能力培养》，《中小企业管理与科技》2010

年第 11 期。

[4] 高建、程源、李习保等:《全球创业观察中国报告（2007）——创业转型与就业效应》,清华大学出版社 2008 年版。

第六章 高校创业教育课程评价
指标的构建研究

大学生从创业动机的形成到创业行为的产生，其在高校是否得到系统的创业教育起着重要的作用，而创业教育课程是创业教育体系中最为核心的部分，是落实创业教育活动的主要载体和工具，是创业教育目标得以实现的基本保障，同时也是评价创业教育体系的一个重要指标。但是，我国高校自 2002 年试点创业教育以来，高校创业教育粗具规模，但与西方国家相比还有较大差距，尤其在创业教育课程体系建设方面还相对滞后。教育部《关于大力推进高等学校创新创业教育和大学生自主创业工作的意见》（教办〔2010〕3 号）指出，要把创新创业教育有效纳入专业教育和文化素质教育教学计划和学分体系，建立多层次、立体化的创新创业教育课程体系。本章旨在通过高校创业教育课程评价指标的研究，构建高校创业教育课程评价指标，给高校创业教育课程建设提供方向和标准，推进高校创业教育的系统化、科学化、规范化。

第一节 创业教育及创业教育课程的内涵界定

一 创业教育的内涵界定

美国著名的创业教育研究机构考夫曼基金会对创业教育给出了一个操作性较强的定义：创业教育是这样一种过程，它向被教育者传授一种概念与技能以识别那些被人忽视了的机会，以及当别人犹豫不决时他们有足够的洞察力与自信心付诸行动。

美国"创业教育之父"蒂蒙斯教授认为，学校的创业教育应该不同于社会上的以解决生存问题为目的的就业培训，更不是一种"企业家速成教育"。真正意义上的创业教育，应当着眼于为未来的几代人设定"创业遗传代码"，以造就最具有革命性的创业一代作为其基本价值取向。

斯坦福大学是开展创业教育成功的范例之一，斯坦福大学对创业教育的内涵进行了独特诠释：一是通过创业教育将创业者的创业经验、创业知识和创业技能，以及他们对创业的理解传递给学生；二是通过对学生进行创业教育，将创业精神内化为学生的精神气质，使创业成为学生的一种生活方式和思维方式。

目前国内研究者对创业教育的概念归纳起来有以下几种：一是人才说，以培养创业者为指向，认为创业教育的目的是培养能够创造工作岗位的人。二是素质说，以培养企业家精神为依归，认为创业教育是为了培养学生创业者的素质，特别是创业精神和创业能力。

综合上述观点，本书把创业教育的内涵界定为：创业教育不单单是以培养学生成功开办公司、创办企业为目的，更重要的是培养学生的创业素质和企业家精神，促进成功就业或毕业后将来的创业。创业教育的内容应包括创业意识、创业心理品质、创业知识和创业能力等四个方面。

二　创业教育课程的内涵界定

实施创业教育，课程是有效载体，创业教育课程是创业教育体系中最为核心的部分，是落实创业教育活动的主要载体和工具，是创业教育目标得以实现的基本保障，同时也是评价创业教育体系的一个重要指标，因此正确理解创业教育课程是关键。基于创业教育内涵的界定，本书所指的创业教育课程是指高等院校有计划地为培养学生创业意识、创业心理品质、创业能力等所组织的一系列教育教学活动。包括以培养学生创业意识和创业心理品质为目标的隐性课程，以培养学生创业能力为目标的显性课程（包括创业的理论知识、创业的实践能力和创业的综合素质）以及校内外的创业实践活动。因此，创业教育课程是基础课程、专业课程、实践课程相结合，必修课、选修课相统一的创业课程结构体系。

第二节 创业教育课程评价指标构建的原则

一 评价指标内容的全面性

鉴于创业教育和创业教育课程内涵的界定，可以看出，大学生创业活动的行为是受全方位、综合因素的影响，并不是一朝一夕的事，因此对大学生创业教育的课程评价指标的内容也要体现全面性。

（一）注重个别教育与全员教育相结合的评价。可以通过设置必修课、加强校园创业氛围的宣传和营造等，加强对全员的创业意识和创业心理品质的培养。通过设置选修课，加强对重点对象的创业知识和创业能力的培养。

（二）注重理论课程教育与实践课程教育相结合的评价。创业教育通过将创业的基本理论和基本方法教给学生，使学生掌握创业的基本理论知识和技能，培养创业思维，了解国内外的创业现状，积极把握创业的美好未来。但是，大学生创业毕竟是实践的过程，是一项实践性很强的事情，它绝不能仅仅停留在纸上谈兵，而是要将其付诸实际行动。为此，需要为学生创业能力的提升提供校内外各种实践机会和平台。

（三）注重专业学科课程教育与创业专门课程教育相结合的

评价。提高学生的创新思维、创新精神是高校人才培养工作的重要内容之一，因此专业课程建设中有否体现大学生创新思维和创新精神的内容也是专业课程建设评价的重要内容，因此，大学生的创业教育课程必须与专业学科课程相结合。

（四）注重课程建设的全方位的评价。创业教育是系统工程，因此对创业教育课程的评价也要体现过程性，要从课程设置、教学内容、教学方法和手段、教学队伍、实践条件、教学效果等全方位进行评价。

二　评价指标的可操作性

评价指标是否具有可操作性，直接影响到该指标体系能否客观地完成评价任务，能否得到客观合理的评价结果。如果评价指标缺乏可操作性，就无法客观评价高校创业教育课程设置的优劣，也就无法客观评价高校创业教育的效果。因此，创业教育课程的评价要根据高校的具体实际，要在调查分析的基础上，合理确定评价指标及其有关内容。要根据本、专科不同学制的实际情况分类区别对待。

第三节　创业教育课程评价指标的构成

一　评价指标构成说明

本评价指标的构成基于《教育部关于大力推进高等学校创新创业教育和大学生自主创业工作的意见》（教办〔2010〕3号）的文件精神，并根据创业教育的目标和内涵，同时参照国家精品课程评审指标框架和思路来进行设定。本指标体系分6个二级指标，共计24个三级指标。6个二级指标项总分为100分。评价等级分为五档，系数分别为1.0、0.8、0.6、0.4、0.2。

二　评价指标及内涵

表 6—1　　　　　　　　　创业教育课程评价指标体系

二级指标	三级指标	指标内容	分值
X2.1 课程设置 （10 分）	X2.1.1 课程与专业融入度	课程融入专业教学大纲的计划内容的程度	2
	X2.1.2 课程的比重	课程课时占专业总课时的比例	2
	X2.1.3 学生参与度	学生参加专门开设的创业教育课程学习的人数	2
	X2.1.4 理论实践课程比例	理论课程与实践课课时的比例	2
	X2.1.5 校内外课程的比例	实践课中校内课时与校外课时的比例	2
X2.2 课程内容 （25 分）	X2.2.1 内容选择	创业教育课程内容适用、全面，涉及创业意识培养类课程、创业品质培养类课程、创业理论知识类课程、创业实践能力培养类课程等	10
	X2.2.2 校内实践	学生参加校内创业实践类活动多，选择余地大。如校内社团活动、创业计划大赛、创业创新科研平台、大学生创业孵化平台等	6
	X2.2.3 校外实践	学生参加校外创业实践类活动多，选择余地大，如校外勤工俭学机会、工学结合机会、参与校外活动机会等	4
	X2.2.4 教材选用	教材选用合适、适用	3
	X2.2.5 考核方式	课程考核方式灵活，过程考核和结果考核相结合，考核结果充分体现学生的学习成效	2

二级指标	三级指标	指标内容	分值
X2.3 课程实施方法和手段（25分）	X2.3.1 教学设计	教学设计合理、思路清晰	8
	X2.3.2 教学方法	运用案例教学、分组讨论、角色扮演、实地考察等教学方法，具有实效性	6
	X2.3.3 教学手段	充分运用现代教育技术、网络技术等教学手段	6
	X2.3.4 教学环境	校内创业宣传氛围及大学生创业专门网站建设等创业教育环境	5
X2.4 课程队伍建设（20分）	X2.4.1 主讲教师情况	主讲教师的师德和教学能力、行业和企业工作经验、创业经验等情况	10
	X2.4.2 专兼职教师结构	专兼职教师比例情况	2
	X2.4.3 兼职教师结构	来自行业企业比例情况	4
	X2.4.4 校外教师工作量	行业企业兼职教师承担课程教学任务比例情况。	4
X2.5 课程实施实践条件（10分）	X2.5.1 校内实训条件	校内创业教育实训条件情况	6
	X2.5.2 校外实训环境	校外创业教育实训条件情况	4
X2.6 课程实施效果（10分）	X2.6.1 学生满意度评价	学生对创业教育的满意度	2
	X2.6.2 社会满意度评价	用人单位对工作一年的毕业生的满意度	2
	X2.6.3 在校生创业情况	毕业班学生毕业当年自主创业的比例。	2
	X2.6.4 学生创业意愿	学生毕业五年内打算自主创业的意愿程度	4

三　指标的评价等级、度量方法或公式

（一）评价等级

指标的评价等级分五档，分别为 A、B、C、D、E，其系数分别为 1.0、0.8、0.6、0.4、0.2。

（二）度量方法

X2.1.1 指某校"将创业教育课程纳入专业教学大纲"的程度。如把创业课程作为必修课、选修课纳入专业教学计划，或者在就业课中加入创业的内容等。从评价等级 A 级到 E 级分别为：以必修课体现、以选修课体现、以就业课体现、以讲座报告体现、没有体现。

X2.1.2 指某校专业教学大纲中体现的创业课程课时数。从评价等级 A 级到 E 级分别为：A.32 学时及以上；B.24 学时（含）—32 学时；C.16 学时（含）—24 学时；D.8 学时（含）—16 学时；E.8 学时以下。

X2.1.3 指毕业班学生在校期间参加专业教学大纲安排的创业课程学习的人数占毕业班总人数的比例。从评价等级 A 级到 E 级分别为：90%（含）以上、90%—80%（含）、80%—70%（含）、70%—60%（含）、60%以下。

X2.1.4 指学校专业教学大纲中体现的创业课程中，理论课与实践课课时的比例。从评价等级 A 级到 E 级分别为：1:0.9 以上（含）、1:0.9—0.7（含）、1:0.7—0.5（含）、1:0.5—0.3（含）、1:0.3 以下。

X2.1.5 指学校专业教学大纲中体现的创业课程中，实践课校内与校外课课时的比例。从评价等级 A 级到 E 级分别为：1:0.9 以上（含）、1:0.9—0.7（含）、1:0.7—0.5（含）、1:0.5—0.3（含）、1:0.3 以下。

X2.2.1 内容选择指学校创业教育课程内容适用、全面，"涵

盖创业意识培养类课程、创业品质培养类课程、创业理论知识类课程、创业实践能力培养类课程"的可能性。从评价等级 A 级到 E 级分别代表可能性从大到小。

X2.2.2 校内实践指学生参加校内创业实践类活动多，选择余地大的可能性。校内创业实践类活动包括校内社团活动、创业计划大赛、创业创新科研平台、大学生创业孵化平台等。从评价等级 A 级到 E 级分别代表可能性从大到小。

X2.2.3 校外实践指学生参加校外创业实践类活动多，选择余地大的可能性。校外创业实践类活动包括校外勤工俭学机会、工学结合机会、参与校外活动机会等。从评价等级 A 级到 E 级分别代表可能性从大到小。

X2.2.4 教材选用指创业课程的教材适用性强的可能性。从评价等级 A 级到 E 级分别代表可能性从大到小。

X2.2.5 考核方式指创业课程的考核方式灵活，注重过程考核和结合考核，考核结果能体现学生学习成效的可能性。从评价等级 A 级到 E 级分别代表可能性从大到小。

X2.3.1 教学设计指创业课程主讲教师教学设计合理、思路清晰的可能性。从评价等级 A 级到 E 级分别代表可能性从大到小。

X2.3.2 教学方法指创业课程的教学方法多样，能运用案例教学、分组讨论、角色扮演、实地考察等多种教学方法，教学效果好的可能性。从评价等级 A 级到 E 级分别代表可能性从大到小。

X2.3.3 教学手段指创业课程的教学手段先进，能充分运用现代教育技术、网络技术等教学手段，提高学生学习兴趣的可能性。从评价等级 A 级到 E 级分别代表可能性从大到小。

X2.3.4 教学环境指校内创业宣传氛围浓及大学生创业专门网站建设等创业教育环境优的可能性。从评价等级 A 级到 E 级分别代表可能性从大到小。

X2.4.1 主讲教师情况指创业课程主讲教师的师德高尚、教学能力强、行业和企业工作经验丰富、具有创业经验等的可能性。从评价等级 A 级到 E 级分别代表可能性从大到小。

X2.4.2 专兼职教师结构指创业课程教师专兼职教师的比例情况。从评价等级 A 级到 E 级分别为：1∶0.9 以上（含）、1∶0.9—0.7（含）、1∶0.7—0.5（含）、1∶0.5—0.3（含）、1∶0.3 以下。

X2.4.3 兼职教师结构指创业课程兼职教师中，来自行业企业的兼职教师与校内兼职教师的比例。从评价等级 A 级到 E 级分别为：1∶0.3 以下、1∶0.5—0.3（含）、1∶0.7—0.5（含）、1∶0.9—0.7（含）、1∶0.9 以上（含）。

X2.4.4 校外兼职教师工作量指来自行业企业兼职教师承担的课时数占总课时数的比例。从评价等级 A 级到 E 级分别为：50% 及以上、50%—40%（含）、40%—30%（含）、30%—20%（含）、20% 以下。

X2.5.1 校内实训条件指校内创业教育实训条件情况。对于校内实训条件很好的可能性，从评价等级 A 级到 E 级分别代表可能性从大到小。

X2.5.2 校外实训条件指校外创业教育实训条件情况。对于校外实训条件很好的可能性，从评价等级 A 级到 E 级分别代表可能性从大到小。

X2.6.1 学生满意度评价指毕业班学生对学校创业教育满意度很好的可能性。从评价等级 A 级到 E 级分别代表可能性从大到小。

X2.6.2 社会满意度评价指用人单位对毕业一年的学生工作满意度的评价很好的可能性，从评价等级 A 级到 E 级分别代表可能性从大到小。

X2.6.3 在校生自主创业情况指毕业班学生毕业当年自主创业学生的比例。从评价等级 A 级到 E 级分别为：高于全省同类高校在校大学生自主创业率平均值 1% 及以上、等于全省同类高校在校大学生自主创业率平均值、低于全省同类高校在校大学生自主创业率平均值至 0.5%（含）、低于全省同类高校在校大学生自主创业率平均值 0.5%—1%、低于全省同类高校在校大学生自主创业率平均值 1%（含）以上。自主创业率的计算公式为：毕业班大学生自主创业率 = 毕业班大学生自主创业人数/毕业班大学生总人数。

X2.6.4 学生创业意愿指当年毕业生对毕业后五年内打算自主创业的意愿程度。意愿强的可能性，从评价等级 A 级到 E 级分别代表可能性从大到小。

第四节　结束语

我国高校创业教育课程建设还刚刚起步，课程建设的系统化还不够，本章只是对创业教育课程的评价指标做了浅显的探索，指标设置的合理性还需要进一步的调查分析，评价指标的标准还需要进一步分解和细化，以便对高校创业教育课程做出科学的评价，从而推进我国高校创业教育的系统化建设，促进大学生以创业带动就业。

参考文献：

［1］欧阳琰、赵观石：《高校创业教育课程建设初探》，《宁波教育学院学报》2006 年第 5 期。

［2］魏婧：《高校创业教育课程与教学质量评价指标研究》，《中小企业管理与科技》（下旬刊）2011 年第 3 期。

［3］高等职业院校人才培养工作评估研究课题组：《高等职业院校人才培养工作评估解读与问答》，高等教育出版社 2009 年版。

［4］熊华军、岳芩：《斯坦福大学创业教育的内化及启示》，《比较教育研究》2011 年 11 月。

［5］《教育部关于大力推进高等学校创新创业教育和大学生自主创业工作的意见》，2010 年 5 月 14 日，教育部（www. jyb. cn）。

第七章　创业中的工学结合程度分析

鉴于创业成为大学教育中的重要内容,"工学结合"也将被置于创业教育的视角下去进行分析。抽象的创业教育回归到有"工"有"学"并"工学结合"的大学教育是社会发展的必然。

第一节　问题的提出

联合国教科文组织在 1999 年发表的《21 世纪的高等教育:展望与行动世界宣言》中提出,提升高校创业教育质量,使学生"具备创业意识,创造就业机会",已成为当代大学教育的重要组成部分。国务院《关于大力发展职业教育的决定》明确提出,要大力推行工学结合、校企合作的培养模式,逐步建立和完善半工半读制度,为社会主义现代化建设培养数以亿计的高素质劳动者和数以千万计的高技能专门人才。2005 年 8 月在天津市召开职业教育工学结合座谈会后,在 2006 年 3 月颁布了《教育部关于职业院校试行工学结合、半工半读的意见》,2006 年 10 月教育部在山东省青岛市召开全国职业教育半工半读试点工作会议,印发教育部《关于在部分职业院校开展半工半读试点工作的通知》,提出了新形势下开展半工半读试点工作、逐步建立和完善半工半读制度的任务和要求,以科学发展观统领教育工作全局,进一步提高对教育在构建和谐社会中地位和作用的认识。会议要求各级政府特别是教育部门必须进一步提高对职业院校开展半工半读试点工作重要意义的认识，下大气力认真研究解决学校和企业开展半工半读中的认识问题和实际问题，采取切实有效的措施，积极推进试点工作的开展。作为浙江省大学生创业观察项目中的一个子项目，工学结合将被置于创业教育的视角下去观察分析。

第二节　文献综述

一　工学结合的内涵

工学结合是职业学校一种培养的模式，也称为半工半读。对于工学结合，一般把它理解为学校学习和岗位工作交替进行的培养模式，即在整个学习过程中，部分时间在学校学习和部分时间在企业工作，两个过程交替进行。工学结合是在校企双方联合办学的过程中逐步形成的，其实质是产学合作、联合育人，利用学校与社会两种教育资源和教育环境，使学生的理论学习与实践操作有机结合起来。

工学结合的基本特点：一是学校理论学习与企业岗位实践交替进行，学用紧密结合；二是企业参与了育人的过程；三是学生具有双重身份；四是具有两个教学场所。

工学结合的适用范围：从企业的角度考虑，适用于企业所需的工种，一般是用人紧缺的岗位为宜；从学校培养人才的角度考虑，适用于操作熟练程度或技术要求比较高，学生需要较长时间在企业实习才能掌握实践技术的专业。

二　创业与大学生创业

创业是指某个人发现某种信息、资源、机会或掌握某种技术，利用或借用相应的平台或载体，将其发现的信息、资源、机会或掌握的技术，以一定的方式，转化、创造更多的财富、价值，并实现某种追求或目标的过程。一项调查显示，美国表现最优秀的上市公司与高新技术企业老板有86%接受过创业教育。在商品经济时代，越来越多的大学生也选择了创业作为实现就业的手段，也有越来越多的人开始关注大学生创业。国家也出台相关的政策和扶持帮助大学生自主创业，社会也通过舆论和导向引导大学生健康创业。同时大学生创业也是缓解扩招所带来的大学毕业生就业压力的一个重要手段和措施。

大学生创业主要形式集中于两个方面：新兴技术行业和小投资传统行业。大学生创业同时会面临社会经验缺乏和资金缺乏的困难，现如今，社会对于大学生创业越来越重视，同时为大学生营造更好的创业环境，为大学生创业提供更好的条件和机会。

三　文献述评

针对工学结合可持续性障碍，众多文献进行了相应的理论分析。这些分析基本上可以归纳为两个方面：一是把工学结合作为一个具有公共产品属性的公共产品供给来进行分析；二是把工学结合作为一个涵盖从理论到实践，从人才培养目标、方案制订到课程体系构建、课程教学实施的多个密切相关的环节组成的系统来分析。前者主要围绕工学结合的激励机制构建来展开，后者则主要围绕构建培养学生职业素养与职业技能的课程体系来展开。前者试图解决的是工学结合的动力机制问题，后者试图解决的是工学结合的实现途径问题。

依靠当前文献研究的方法与结论不能清楚解释工学结合模式的选择问题，更不能说明和预测当企业环境改变后工学结合模式进行的相应调整，即工学结合的可持续性问题。既然工学结合的模式选择和可持续性问题不能在现有的分析框架内得到合理解决，那么由模式选择所决定的工学结合模式的实现方式即工学结合实施途径的问题自然就不能在现有的文献中获得解释。所以，当前研究不仅使工学结合的理论与实践经常脱节，而且工学结合本身的"工"与"学"也经常脱节。

近两年以来，随着创业教育在高职院校的普遍开展，创业教育研究内容由务虚性向务实性过渡，相关研究主要围绕创业教育的模式、课程设置、评价体系、保障体系等务实性内容展开。调查研究是其主要的研究方法。考量已有的研究成果，仍然存在以下不足，研究不够深入，针对性不强，基础性研究工作薄弱。目前，粗线条、轮廓式的研究必然会向深入、细致、务实的方向发展，这需要更多的人，尤其是高职院校从事创业教育的一线教师加入研究者的行列，相互之间通力合作，不断总结高职生创业教育实践的经验，形成理论，用以指导创业教育的实践，使理论与实践相得益彰。遗憾的是，至今为止，鲜有学者研究创业中的工学结合程度，更无人分析其程度几何。

第三节　创业中的工学结合程度的指数设计

一　两个维度的考量

创业中的工学结合程度分析主要观察学校教育教学过程中是否重视课程内容的应用环节，是否引进企业等校外成员来指导本校学生创业，是否重视专业的社会化程度，是否面向社会服务。由于现有文献没有对创业中的工学结合程度指标体系的论述，根据对正在创业学生和专家的访谈，本章将从引进社会资源与服务社会两个方面进行考量。

表 7—1　　　　　　　创业中的工学结合程度指标总表

一级指标	二级指标	指标含义	权重
X 创业中的工学结合程度	X_1 引进社会资源	引进校企合作人才培养模式、引进企业师资等	0.50
	X_2 服务社会	为经济社会发展服务的能力和贡献率	0.50
	合计		1.00

二　大学生创业中的工学结合程度分项指标

（一）引进社会资源指标

引进社会资源指标又拆分为六项三级指标，每一项三级指标有更具体的考量内容。分别从五个等级予以评分说明，赋分值1、2、3、4、5分。比例或数量越多，得分越高，总分从低到高说明工学结合程度依次递进。具体折算如表7—2所示。

表 7—2　　　　　　　　引进社会资源指标

三级指标	权重	指标内容	指标值	评分说明
X_1 - 1 订单式培养	0.20	企业与学校合作订单式培养创业学生数占在校生人数比例	20	3.0%得1分；3.5%得2分；4.0%得3分；4.5%得4分；≥5.0%得5分
X_1 - 2 社会企业入驻创业园	0.20	社会企业入驻创业园数量	20	数量越多，得分越高，与工学结合程度成正比。$0 < X_1 - 2 \leqslant 5$ 得 1 分；$5 < X_1 - 2 \leqslant 10$ 得 2 分；$10 < X_1 - 2 \leqslant 15$ 得 3 分；$15 < X_1 - 2 \leqslant 20$ 得 4 分；$X_1 - 2 > 20$ 得 5 分

三级指标	权重	指标内容	指标值	评分说明
X_1-3 兼教创业指导教师数量	0.15	企业指导教师人数与创业学生数的比例	15	比例越大，得分越高，与工学结合程度成正比。1：50 得 1 分；1：40 得 2 分；1：30 得 3 分；1：20 得 4 分；1：10 得 5 分
X_1-4 兼教创业指导教师质量层次	0.15	兼教创业指导教师中、高级职称（技能）占总指导教师比例	15	10% 得 1 分；15% 得 2 分；20% 得 3 分；25% 得 4 分；≥30% 得 5 分
X_1-5 兼职创业指导教师指导时间	0.15	每学年人均工作总课时数	15	工作时间越多，得分越高，与工学结合程度成正比。$X_1-5 \leqslant 10$ 得 1 分；$10 < X_1-5 \leqslant 20$ 得 2 分；$20 < X_1-5 \leqslant 30$ 得 3 分；$30 < X_1-5 \leqslant 40$ 得 4 分；$X_1-5 > 40$ 得 5 分
X_1-6 兼职创业指导教师指导效果	0.15	兼职创业指导教师指导获得学生满意程度	15	10% 得 1 分；20% 得 2 分；30% 得 3 分；40% 得 4 分；≥50% 得 5 分
小计	1.00		100	

（二）服务社会指标

服务社会二级指标又拆分为五个三级指标，每一项三级指标有更具体的考量内容。分别从五个等级予以评分说明，赋分值 1、2、3、4、5 分。比例或数量越多，得分越高，总分从低到高说明工学结合程度依次递进。具体折算如表 7—3 所示。

表 7—3　　　　　　　　　　　**服务社会指标**

$X_2 - 1$ 校外实践课程设置	0.20	校外实践课程占总课程的比例	20	比重越大，得分越高，与工学结合程度成正比。5% 得 1 分；10% 得 2 分；15% 得 3 分；20% 得 4 分；>20% 得 5 分
$X_2 - 2$ 校外实习基地数量	0.20	校外实习基地数量	20	数量越多，得分越高，与工学结合程度成正比。0 < $X_2 - 2$ ≤ 5 得 1 分；5 < $X_2 - 2$ ≤ 10 得 2 分；10 < $X_2 - 2$ ≤ 15 得 3 分；15 < $X_2 - 2$ ≤ 20 得 4 分；$X_2 - 2$ > 20 得 5 分
$X_2 - 3$ 参加校外实践基地学生数量	0.30	参加校外实践基地学生人数占全体学生数的比例	30	比重越大，得分越高，与工学结合程度成正比。10% 得 1 分；20% 得 2 分；30% 得 3 分；40% 得 4 分；≥50% 得 5 分
$X_2 - 4$ 学生创业服务社会项目数	0.15	创业学生服务社会项目数占创业学生总项目数的比例	15	比例越高，得分越高，与工学结合程度成正比。10% 得 1 分；20% 得 2 分；30% 得 3 分；40% 得 4 分；≥50% 得 5 分
$X_2 - 5$ 学生创业成果转化为社会效益	0.15	学生创业成果转化为社会经济效益情况	15	转化率越高，得分越高，与工学结合程度成正比。10% 得 1 分；20% 得 2 分；30% 得 3 分；40% 得 4 分；≥50% 得 5 分
小计	1.00		100	

第四节　总结

创业教育成了高等教育的内在需求，是其重要组成部分。针对大学生群体的创业教育的研究必将进一步拓展与深化，这势必对相关研究提出更高的要求。目前，粗线条、轮廓式的研究必然会向深入、细致、务实的方向发展，这需要更多的人，尤其是从事创业教育的一线教师加入研究者的行列，相互之间通力合作，不断总结大学生创业教育实践的经验，形成理论，用以指导创业教育的实践，使理论与实践相得益彰，不断增强高等院校创业教育的实效性。

大学生创业指导是一项长期系统性的工程，在目前高校就业难的情况下，作为高职学生更应该发挥其职业理论过硬、动手能力强、与企业联系紧密等优势，勇于展现自我价值，充满信心地开辟创业之路。

参考文献：

［1］刘来泉：《把创业教育切实纳入我国职业教育中》，《中国职业技术教育》2007 年第 16 期。

［2］衣红梅、曲绍卫：《优化大学生创业环境》，《人才开发》2007 年第 4 期。

［3］吴佳：《浙江省大学生创业环境研究》，《中国优秀硕士学位论文全文数据库》2008 年第 11 期。

［4］罗良忠：《中国大学生创业环境与政策问题研究》，《未来与发展》2007 年第 7 期。

［5］黄志纯、刘必千：《关于构建高职生创新创业教育评价体系的思考》，《教育与职业》2007 年第 30 期。

［6］陈裕先、郭向荣：《构建和完善大学生创业教育的内容体系》，《招生考试科研论文集》，2005 年。

［7］潘燕：《我国高校创业教育课程建设研究》，博士学位论文，中南民族大学，2010 年。

［8］张鹏：《我国高校大学生创业问题研究》，博士学位论文，东北财经大学，2010 年。

［9］林琳：《新形势下的大学生创业教育研究》，博士学位论文，福建师范大学，2010 年。

［10］程翠：《基于学生视角的高校创业教育研究》，博士学位论文，上海师范大学，2011 年。

第八章 从高校层面对大学生创业环境条件的指标表达

浙江高校为顺应时代发展的要求，自 2004 年初由浙江工贸职业技术学院发起，联合温州医学院、温州大学、温州职业技术学院、浙江东方职业技术学院等高校共同组建温州市大学生科技创业园，同年成立浙江工贸职业技术学院大学生创业孵化园，并投入较多人力、物力、财力，选派专业教师与企业家对在校大学生进行创业指导，对提升高校大学生创业有一定的促进意义，也为全国高校大学生创业起到榜样与示范的作用。2007 年后，各地高校纷纷仿效，举办形式多样的大学生创业园区等实体，同时通过多种方式对高校大学生创业环境与成效建立考核评价办法。然而令人遗憾的是，中国至今尚未形成统一、规范的高校大学生创业环境条件评价指标体系。为此本课题组根据 GEM 理论框架结合浙江高校实际做了深入调查、探讨，收集了大量的基础资料，初步设计了一套评价指标体系方案，旨在为浙江高校大学生创业环境条件提供较为系统、完整、科学、规范的评价指标体系，并逐步将研究成果向外推广与运用。

第一节 高校大学生创业环境条件指标设计

本章从对全日制在校大学生环境指标内容分析、调查问卷设计入手，其技术关键在于设计出指标的体系并获得同行的普识，把指标项化解为各调查量表进行调查的具体工作。我们撇开一些公共经济社会环境，重点研究大学生创业的学校环境条件，这些环境条件对创业活动产生直接的影响，具体包括校园创业文化、学校创业政策与保障机制、创业教育与培训、投入有形基础设施、创业基金（资金）支持、相关科研成果转化、创业产业关联度等七个方面，如表 8—1 所示。各项创业条件相互作用，共同决定了大学生创业学校环境状况，进而影响新企业的产生和创业活动的开展。

表 8—1　　　　　　　高校大学生创业环境条件指标总表

一级指标	二级指标	指标含义	权重
X 高校创业环境条件	X_1 校园创业文化	高校大学生创业与创业活动受校园创业文化导向、创业文化价值及创业文化氛围等的影响情况	0.16
	X_2 学校创业政策与保障机制	高校在政策制定与规划等方面对大学生创业初生创业或者新企业扶持状况	0.16
	X_3 创业教育与培训	高校大学生创业相关的各个层次教育与培训体系对大学生创业的影响程度	0.20
	X_4 投入有形基础设施	高校大学生创业能够得到学校场地及基础设施支持情况	0.16
	X_5 创业基金（资金）支持	高校大学生创业所获得学校提供及通过学校得到各项基金或资金支持程度	0.12
	X_6 相关科研成果转化	高校大学生创业利用学校师生科研成果及通过学校得到各项科研成果转化情况	0.12
	X_7 创业产业关联度	高校大学生创业依存学生创办企业、校办企业及社会企业状况	0.08
	合计		1.00

第二节　高校大学生创业环境量化的综合指标

拟设置的七项高校大学生创业环境条件指标，分别从不同侧面反映一个高校、一个地区高校或一个国家高校的大学生创业环境状况。为了对高校大学生创业环境的总体状况做出评价，我们还设计了高校大学生创业环境的综合指标，将创业环境的各项条件以得分形式来评价优劣，分数设定从 0—5，每项最低得分为 0 分，满分为 5 分。通过加权平均法，得出综合指标的分值。

第三节　高校大学生创业环境条件分项指标

一　校园创业文化指标

（一）校园创业文化认知问题

在 GEM 专家访谈中，文化和社会规范与创业之间存在最为普遍性的关系。对校园创业文化指标将通过以下 3 个三级指标来考核衡量：一是创业文化导向指标，本指标设置从点上入手，着重体现高校文化导向、学生择业导向、职业选择，衡量大学生创业在普通人群个体择业方面是否起到标杆效应；二是创业价值指标，本指标设置从线上入手，着重体现高校大学生创业社会地位，即对校园创业成功者崇尚、创业成功者社会地位。解决普通大学生在择业方向上的从众心理问题；三是创业文化氛围指标，本指标设置从面上入手，着重体现高校创业宣传力度，如"成功创业故事"、"创业成果展示"等宣传，推动与推广大学生自主创业文化氛围。

（二）具体分数设置

1. 校园创业文化导向指标，将创业作为比较理想的职业选择人数与在校生比例，按 10 个学生有 1 个选择的为 1 分（即

10%得1分），每增加10%多得1分，以此类推，50%以上为满分的方式进行考核；2. 校园创业文化价值指标，认为创业的成功者应享有社会地位和威望的人数与在校生人数的比例，按10个学生有1个选择的为1分（即10%得1分），每增加5%多得1分，以此类推，30%以上为满分的方式进行考核；3. 校园创业文化氛围指标，学校创业宣传次数与规格占学校总体宣传次数与规格的比例，按高校50次相同规格中有1次宣传创业内容的得1分（即2%得1分），每增加1%多得1分，以此类推，6%以上为满分的方式进行考核。如表8—2所示。

表8—2　　　　　　　　　　　校园创业文化指标

所得分数 三级指标与内容	权重	得1分	得2分	得3分	得4分	得5分
X_1-1 创业导向：将创业作为比较理想的职业选择人数与在校生比例	0.40	10%	20%	30%	40%	≥50%
X_1-2 创业价值：认为创业的成功者应享有社会地位和威望的人数与在校生人数的比例	0.30	10%	15%	20%	25%	≥30%
X_1-3 创业氛围：学校创业宣传次数与规格占学校总体宣传次数与规格的比例	0.30	2%	3%	4%	5%	≥6%
合计	1.00					

（三）数据来源

将通过调查了解高校相关数据，参照浙江省教育厅统计报表的有关高校创业教育与培训人次数据等资料。如某高校在校生数为1万人，将创业作为比较理想的职业选择人数与在校生比例4200人，认为创业的成功者应享有社会地位和威望的人数与在校生比例2400人，学校创业宣传次数与规格占学校总体宣传次数与规格的比例3.2%。其各三级项目指标分别为4.20分、3.80

分及 2. 20 分。创业政策与保障机制综合得分 = 4. 20 × 0. 40 + 3. 80 × 0. 30 + 2. 20 × 0. 30 = 3. 48 分，即校园创业文化指标为 3. 48。取得指标后各高校可进行比较与分析。

二　高校政策与保障机制指标

（一）高校政策与保障机制直接影响到大学生创业活动的顺利与成效，是我们关注的一个重要问题。具体衡量高校政策与保障机制对大学生创业活动影响指标，拟通过以下五项三级指标来考核衡量：一是创业政策指标，指建立健全创业政策与执行力度，如创业资金扶持政策、科研成果转化制度、创业园区管理制度、创业指导制度、创业教育与培训制度等；二是创业机构指标，如设立创业学院等创业技术、管理指导机构及效能发挥状况；三是创业专职人员指标；四是创业指导经费指标，具体包括指导创业团队经费投入、指导创业活动经费投入、指导学生创业科研项目经费投入及指导创业实践经费投入等数额与在校生的比例；五是创业教育研究指标，按创业文章发表、项目立项课题数与级别等确定得分。

（二）具体分数设置：1. 创业政策支持指标，按建立较完善制度且实施较好的有 1 项得 1 分，每增加 1 项多得 1 分，以此类推，5 项以上为满分的方式进行考核；2. 创业技术指导机构与效能指标，按单独设置创业机构且执行力强的为满分，单独设置创业机构且执行力较强的得 4 分，单独设置创业机构且执行力一般的得 3 分，合并设置创业机构且执行力较强的得 2 分，有合并设置创业机构得 1 分，没有设置创业机构得 0 分的方式进行考核；3. 创业专职技术与管理人员数与在校学生人数的比例，按 10000 个学生有 1 个创业专职技术与管理人员的得 1 分（即 1/10000 得 1 分），每增加 1/10000 多得 1 分，以此类推，5/10000 以上为满分的方式进行考核；4. 创业经费指标，按人均在校学生每年投入 60 元得 1 分（即 60/1 得 1 分），每增加 10/1 多得 1 分，以此类推，100/1 以上为满分的方式进行考核；5. 创业教育研究指标，按创业教育专项研究项目层次或项数计分，即基层（学校）课题数 1 项得 1 分，市（厅）级学会 1 项（或下一级 3 项）得 2 分，市（厅）级 1 项或省（部）级学会 1 项（或下一级 3 项）得 3 分，省（部）级 1 项（或下一级 3 项）得 4 分，国家级 1 项或省（部）级 3 项为满分的方式进行考核。如表 8—3 所示。

表 8—3　　　　　　　　　　创业政策与保障机制指标

三级指标与内容 ＼ 所得分数	权重	得 1 分	得 2 分	得 3 分	得 4 分	得 5 分
X_2-1 创业政策：建立健全创业政策与执行力度	0.30	1 项	2 项	3 项	4 项	≥5 项
X_2-2 创业机构：创业技术指导机构设置与效能	0.20	合并设置创业机构	合并设置创业机构且执行力较强	单独设置创业机构且执行力一般	单独设置创业机构且执行力较强	单独设置创业机构且执行力强
X_2-3 创业专职人员：创业专职技术管理人数与在校学生人数的比例	0.20	1/10000	2/10000	3/10000	4/10000	≥5/10000
X_2-4 创业经费：创业指导经费投入额（元）与在校学生人数的比例	0.20	60/1	70/1	80/1	90/1	≥100/1
X_2-5 创业教育研究：创业教育专项研究项目层次或项数	0.10	基层（学校）课题 1 项	市（厅）级学会 1 项（或下一级 3 项）	市（厅）级 1 项（或下一级 3 项）	省（部）级 1 项（或下一级 3 项）	国家级 1 项（或下一级 3 项）
合计	1.00					

（三）数据来源可通过调查问卷、走访高校了解获取数据，同时参照浙江省教育厅各高校上报的有关统计报表的数据等。如某高校在校生数为 1 万人，有 4 项创业制度支持，有单独设置创业技术与管理指导机构且执行力一般，创业专职技术与管理人员 4 个，创业指导投入金额 85 万元，学校基层课题数 3 项、厅级 2 项。其各三级项目指标分别为 4.00 分、3.00 分、4.00 分、3.50 分及 3.00 分。创业政策与保障机制综合得分 = 4.00 × 0.30 + 3.00 × 0.20 + 4.00 × 0.20 + 3.50 × 0.20 + 3.00 × 0.10 = 3.60 分，即创业政策与保障机制指标为 3.60。取得指标后各高校可进行比较与分析。

三　创业教育与培训指标

（一）高校大学生创业教育与培训是大学生创业活动得以开展的必要条件，也是创业者将潜在商业机会变为现实的基础，受过大学基础教育与专业教育后，再赋予大学生一定的创业教育与培训，将大大助推高校大学生创业热情，增强创业意识与技能技巧，提高创业成功率。我们按 GEM 思路要求为标准拟设立 4 项三级指标：一是创业普及教育指标，指创业普及教育（每年不低于 18 课时，相当于 1 学分）大学生人数与在校生的比例；二是创业提高教育指标，指创业提高教育与培训（包括实践教育每年不低于 36 课时，相当于 2 学分）大学生人数与在校生的比例；三是创业精英教育指标，指创业精英教育与培训（包括实践教育每年不低于 54 课时，相当于 3 学分）大学生人数与在校生的比例；四是创业指导教师自身教育与培训指标，指创业指导教师自身教育与培训（包括挂职锻炼每年不低于 30 课时，相当于 5 天）人数与在册在岗教职工人数的比例。

（二）具体分数设置：1. 创业普及教育大学生人数与在校生的比例，按 5 个在校生每年有 1 个学生接受创业普及教育为 1 分

（即 20% 为 1 分），每增加 5% 多得 1 分，以此类推，40% 以上为满分的方式进行考核；2. 创业提高教育（培训）大学生人数与在校学生人数的比例，按 100 个在校生每年有 3 个学生接受创业提高教育为 1 分（即 3% 为 1 分），每增加 0.5% 多得 1 分，以此类推，5% 以上为满分的方式进行考核；3. 创业精英教育（培训）大学生人数与在校生人数的比例，按 100 个在校生每年有 1 个学生接受创业精英教育为 1 分（即 1% 为 1 分），每增加 0.5% 多得 1 分，以此类推，3% 以上为满分的方式进行考核；4. 创业指导教师教育（培训）人数与在册在岗教职工人数的比例，按 100 个在岗在册教职工有 1 个创业指导教师接受创业教育为 1 分（即 1% 为 1 分），每增加 1% 多得 1 分，以此类推，达到 5% 以上为满分的方式进行考核。如表 8—4 所示。

表 8—4　　　　　　　　创业教育与培训指标

三级指标与内容 \ 所得分数	权重	得 1 分	得 2 分	得 3 分	得 4 分	得 5 分
X_3-1 创业普及教育：创业普及教育大学生人数与在校生人数的比例	0.20	20%	25%	30%	35%	≥40%
X_3-2 创业提高教育：创业提高教育（培训）大学生人数与在校学生人数的比例	0.30	3.0%	3.5%	4.0%	4.5%	≥5.0%
X_3-3 创业精英教育：创业精英教育（培训）大学生人数与在校生人数的比例	0.30	1.0%	1.5%	2.0%	2.5%	≥3.0%
X_3-4 创业指导教师教育：创业指导教师自身教育（培训）人数与在册在岗教职工人数的比例	0.20	1.0%	2.0%	3.0%	4.0%	≥5.0%
合计	1.00					

（三）数据来源将参照浙江省教育厅统计报表的有关高校创业教育与培训人次数据等资料，通过调查了解高校创业教育与培训数据。如某高校在校生数为 1 万人，在岗在册教职工人数 1000 名，创业普及教育大学生人数（每年不低于 18 课时）3250 个，创业提高教育与培训大学生人数（包括实践教育每年不低于 36 课时）400 个，创业精英教育与培训大学生人数（包括实践教育每年不低于 54 课时）220 个，创业指导教师自身教育与培训人数 32 个。其各三级项目指标分别为 3.50 分、3.00 分、3.40 分及 3.20 分。创业教育与培训综合得分 = 3.50 × 0.20 + 3.00 × 0.30 + 3.40 × 0.30 + 3.20 × 0.20 = 3.26 分，即创业教育与培训指标为 3.26。取得指标后各高校可进行比较与分析。

四 有形基础设施指标

（一）高校有形设备基础设施建设对大学生创业有直接影响，根据 GEM 思路要求为标准，我们对高校大学生创业有形基础设施主要从以下 4 项三级指标来衡量，一是学校投入校内创业工作室硬件配备指标，指学校投入校内创业工作室硬件配备金额与在校学生的比例；二是学校投入校外创业工作室设备指标，指学校投入校外创业工作室设备金额与在校学生的比例；三是创业园区面积指标，指创业园区面积（平方米）与在校学生的比例；四是其他创业场地指标，指除创业园区外可供大学生创业所有场地面积（平方米）与在校学生的比例。

（二）具体得分标准设置：1. 学校投入校园创业工作室硬件配备金额与在校学生人数的比例，按一个学生每年投入 100 元为 1 分（即 100/1 为 1 分），每增 50% 多得 1 分，以此类推，300/1 以上为满分的方式进行考核；2. 学校投入校外创业工作室设备金额与在校学生人数的比例，按一个学生每年投入 60 元为 1 分（即 60/1 为 1 分），每增 10% 多得 1 分，以此类推，100/1 以上为满分的方式进行考核；3. 校内创业园区面积（平方米）与在校学生人数的比例，按 100 个学生拥有 6 平方米为 1 分（即 6/100 为 1 分），每增 1% 多得 1 分，以此类推，10/100 以上为满分的方式进行考核；4. 其他创业场地面积（平方米）与在校学生人数的比例，按 100 个学生拥有 1 平方米为 1 分（即 1/100 为 1 分），每增 1/100 多得 1 分，以此类推，5/100 以上为满分的方式进行考核。如表 8—5 所示。

表 8—5　　　　　　　　　有形基础设施指标

所得分数 三级指标与内容	权重	得 1 分	得 2 分	得 3 分	得 4 分	得 5 分
X_4-1 校内创业园区设备：学校投入校园创业工作室硬件配备金额（元）与在校学生人数的比例	0.30	100/1	150/1	200/1	250/1	≥300/1
X_4-2 校外创业园区设备：学校投入校外创业工作室设备金额（元）与在校学生人数的比例	0.20	60/1	70/1	80/1	90/1	≥100/1
X_4-3 校内创业园区面积：校内创业园区面积（平方米）与在校学生人数的比例	0.30	6/100	7/100	8/100	9/100	≥10/100
X_4-4 校外创业园区面积：其他创业场地面积（平方米）与在校学生人数的比例	0.20	1/100	2/100	3/100	4/100	5/100
合计	1.00					

（三）在校学生人数可查阅教育厅统计报表的数据资料，大学生基金（资金）支持额度可由高校财务报表获取。如某高校在校生数为 1 万人，校园创业工作室学校硬件配备投入 160 万

元，校外创业工作室学校设备投入 85 万元，创业园区面积 1000 平方米，其他创业场地 380 平方米。各三级项目指标分别是：2. 20 分、3. 50 分、5. 00 分及 3. 80 分。按加权平均法，该高校该项得分 = 2. 20 × 0. 30 + 3. 50 × 0. 20 + 5. 00 × 0. 30 + 3. 80 × 0. 20 = 3. 62 分，即有形基础设施指标为 3. 62。取得指标后可进行比较与分析。

五　基金（资金）支持指标

（一）根据 GEM 思路要求与浙江高校大学生创业实际情况，按创业资金来源的主要渠道。将大学生创业基金（资金）支持指标分解为 4 项三级指标：一是创业者自身资金投入指标，包括自有资金、亲戚朋友借贷、引入私人股权筹集资金；二是大学生创业所获得学校自身资金（或基金）无偿支持指标；三是通过学校得到社会资金（或基金）无偿支持指标，包括政府、企业、协会、自然人等渠道所获得资金（或基金）无偿支持；四是通过学校获得有偿资金（或基金）支持指标，包括获取的各种贷款等。

（二）具体得分标准设置：1. 创业者自身资金投入与在校生人数比例，按一个学生每年投入 50 元为 1 分（即 50/1 为 1 分），每增加 50/1 多得 1 分，以此类推，250/1 以上为满分的方式进行考核；2. 大学生创业所获得学校无偿支持资金（或基金）与在校生人数比例，按一个学生每年投入 20 元为 1 分（即 20/1 为 1 分），每增加 20/1 多得 1 分，以此类推，100/1 以上为满分的方式进行考核；3. 通过学校获得社会无偿支持资金（或基金）与在校生人数比例，按一个学生每年投入 10 元为 1 分（即 10/1 为 1 分），每增加 10/1 多得 1 分，以此类推，50/1 以上为满分的方式进行考核；4. 通过学校获得有偿资金（或基金）支持与在校生人数比例，按一个学生每年投入 20 元为 1 分（即 20/1 为 1

分），每增加 20/1 多得 1 分，以此类推，100/1 以上为满分的方式进行考核。如表8—6所示。

表8—6　　　　　　　创业基金（资金）支持指标

所得分数 三级指标与内容	权重	得1分	得2分	得3分	得4分	得5分
X_5-1 创业者自筹资金：创业者自身资金投入金额（元）与在校学生人数的比例	0.30	50/1	100/1	150/1	200/1	≥250/1
X_5-2 创业者获得学校无偿资金：获得学校无偿支持资金（元）与在校生人数比例	0.30	20/1	40/1	60/1	80/1	≥100/1
X_5-3 创业者获得社会无偿资金：通过学校获得社会无偿支持资金（元）与在校生人数比例	0.20	20/1	40/1	60/1	80/1	≥100/1
X_5-4 创业者获得有偿资金：通过学校获得有偿资金（元）支持与在校生人数比例	0.20	50/1	100/1	150/1	200/1	≥250/1
合计	1.00					

（三）计算得分依据。在校学生人数可查阅教育厅统计报表的数据资料，大学生基金（资金）支持额度可由高校财务报表提供，其他数据通过实际调查获取。如某高校在校生数为1万人，大学生自身资金投入为165万元，大学生获得无偿资金为90万元，大学生获得政府与企业无偿资金为64万元，大学生获得各种贷款为110万元。各三级项目指标分别是：3.30分、4.50分、3.20分及2.20分。按加权平均法，该高校平均得分 = 3.30×0.30 + 4.50×0.30 + 3.20×0.20 + 2.20×0.20 = 3.42分。

即创业基金（资金）支持指标为 3.42。取得指标后进行对比与分析。

六　科研成果与手段的转化指标

（一）根据 GEM 思路标准要求，我们在研究中不考察高校取得科研成果的绝对数，而注重高校将科研成果与手段转化为大学生创业项目相对数，能否将科技创造成果向市场成功转化，实现商品化等。为衡量科研成果与手段的转化指标，拟设立 4 项三级指标：一是高校研发工业产权成果转化指标，指学校自行研发的专利权、商标权转移给大学生创业的项目数量与在校生人数的比例；二是高校非专利技术及其他智力成果转化指标，指学校将研发的非专利技术及其他智力成果转化为大学生创业项目数与在校生人数的比例；三是高校科技研发手段或设备转化指标，指学校将科技研发手段、途径、方法或设备转化为大学生创业的项目数量与在校生人数的比例；四是通过高校引用社会科研成果转化指标，指通过学校引用社会科研成果转化为大学生创业的项目数量与在校生人数的比例。

（二）具体得分标准设置：1. 指学校自行研发的专利权、商标权转移给大学生创业的项目数量与在校学生的比例，按 10000 个学生每年高校研发工业产权成果转化为大学生创业 1 个项目为 1 分（即 1/10000 为 1 分），每增加 1/10000 多得 1 分，以此类推，5/10000 以上为满分的方式进行考核；2. 学校将研发的非专利技术及其他智力成果转化为大学生创业项目数与在校生人数的比例，按 10000 个学生每年学校将研发的非专利技术及其他智力成果转化为大学生创业 1 个项目为 1 分（即 1/10000 为 1 分），每增加 1/10000 多得 1 分，以此类推，5/10000 以上为满分的方式进行考核；3. 学校将科技研发手段、途径、方法或设备转化为大学生创业的项目数量与在校生人数的比例，按 10000 个学生有 1 个获得学校研发手段等转化为大学生创业 1 个项目为 1 分（即 1/10000 为 1 分），每增加 1/10000 多得 1 分，以此类推，5/10000 以上为满分的方式进行考核；4. 通过学校引用社会科研成果转化为大学生创业的项目数量与在校生人数的比例，按 10000 个学生每年高校研发工业产权成果转化为大学生创业 1 个项目为 1 分（即 1/10000 为 1 分），每增加 1/10000 多得 1 分，以此类推，5/10000 以上为满分的方式进行考核。如表 8—7 所示。

表 8—7　　　　　　　　　科研成果转化指标

所得分数 三级指标与内容	权重	得1分	得2分	得3分	得4分	得5分
X_6–1 学校知识产权转化为创业项目：学校自行研发的专利权、商标权转移给大学生创业的项目数与在校生人数的比例	0.30	1/10000	2/10000	3/10000	4/10000	≥5/10000
X_6–2 学校非产权智力成果转化为创业项目：学校将研发的非专利技术及其他智力成果转化为大学生创业项目数与在校生人数的比例	0.30	1/10000	2/10000	3/10000	4/10000	≥5/10000
X_6–3 学校科研手段转化为创业项目：学校将科技研发手段、途径、方法或设备转化为大学生创业的项目数与在校生人数的比例	0.30	1/10000	2/10000	3/10000	4/10000	≥5/10000
X_6–4 学校引用社会科研成果转化为创业项目：通过学校引用社会科研成果转化为大学生创业的项目数与在校生人数的比例	0.10	1/10000	2/10000	3/10000	4/10000	≥5/10000
合计	1.00					

（三）数据来源将参照浙江省教育厅统计报表的有关高校科研成果、在校学生数等资料，通过调查了解高校科研成果转化为大学生创业项目数，根据以上数据计算出 4 个方面高校科研成果转化为大学生创业项目数及比例，采用算术平均法取得科研成果转化指标。如某高校在校生数为 1 万人，专利权成果转化为大学生创业项目数 2 个，商标权成果转化为大学生创业项目数 1 个，非专利技术与其他科研成果转化为大学生创业项目数 4 个，学校将科技研发手段、途径、方法或设备转化为大学生创业的项目数 3 个，通过高校引用社会科研成果转化为大学生创业项目数 6 个。其各项目得分分别为 3.00 分、4.00 分、3.00 分及 5.00 分。该高校科研成果转化综合得分 $= 3.00 \times 0.30 + 4.00 \times 0.30 + 3.00 \times 0.30 + 5.00 \times 0.10 = 3.50$ 分，即科研成果转化指标为 3.50。取得指标后各高校进行对比与分析。

七　创业产业关联度指标

（一）从高校大学生创业情况看，大学生创业项目（或企业）与社会的关系密切，根据 GEM 要求，结合浙江高校大学生创业实际。对大学生创业产业的关联情况，应主要从三方面衡量：一是专业与所创企业关联指标，指高校大学生利用所学相同或相近专业创业项目数与在校学生数比例，该指标主要考察高校教育资源与学习资源是否充分利用；二是大学生创业项目与社会产业链关联指标，指高校大学生同社会企业合作项目数及参与社会产业链活动关联紧密创业项目数与在校学生数比例；三是创业带动就业关联指标，指大学生所创项目带动相同专业或相近创业学生就业数与在校学生数比例。

（二）具体得分标准设置：1. 高校大学生利用所学相同或相近创业项目数与在校生人数比例，按 1000 个学生每年利用所学相同或相近专业创业项目 1 个为 1 分（即 1/1000 为 1 分），每增加 1/1000 多得 1 分，以此类推，5/1000 以上为满分的方式进行考核；2. 高校大学生同社会企业合作项目数及参与社会产业链活动关联紧密创业项目数与在校生人数比例，按 1000 个学生每年同社会企业合作项目数及参与社会产业链活动关联紧密创业项目 1 个为 1 分（即 1/1000 为 1 分），每增加 1/1000 多得 1 分，以此类推，5/1000 以上为满分的方式进行考核；3. 大学生所创项目带动相同专业或相近创业学生就业数与在校生人数比例，按 1000 个学生每年利用所学专业相同或相近创业项目 2 个为 1 分（即 2/1000 为 1 分），每增加 2/1000 多得 1 分，以此类推，10/1000 以上为满分的方式进行考核。如表 8—8 所示：

表 8—8　　　　　　　　　创业产业关联度指标

所得分数 三级指标与内容	权重	得 1 分	得 2 分	得 3 分	得 4 分	得 5 分
X_7–1 创业专业相关度：大学生利用所学专业相同或相近创业项目数与在校生人数比例	0.40	1/1000	2/1000	3/1000	4/1000	≥5/1000
X_7–2 创业与社会企业合作度：大学生同社会企业合作项目数及参与社会产业链活动关联紧密创业项目数与在校生人数比例	0.30	1/1000	2/1000	3/1000	4/1000	≥5/1000
X_7–3 创业带动就业度：大学生所创项目带动相同专业或相近创业学生就业数与在校生人数比例	0.30	2/1000	4/1000	6/1000	8/1000	≥10/1000
合计	1.00					

（三）数据来源参照浙江省教育厅统计报表的有关高校科研成果、在校学生数等资料，通过调查了解高校大学生创业与专业

及社会的关联数据资料。根据以上数据计算出三个方面高校大学生创业与专业及社会的关联比例,采用算术平均法取得大学生创业与社会及自身的关联指标。如某高校在校生数为1万人,大学生利用所学专业相同或相近创业项目数40个,大学生同社会企业合作项目数及参与社会产业链活动关联紧密创业项目数30个,大学生所创项目带动相同专业或相近创业学生就业数76人。其各项目得分分别为4.00分、3.00分及3.80分。取得大学生创业与社会及自身的关联情况得分 = 4.00 × 0.40 + 3.00 × 0.30 + 3.80 × 0.30 = 3.64 分,即大学生创业与社会及自身的关联指标为3.64。取得指标后各高校进行对比与分析。

第四节　高校创业环境现状指标取得与分析

根据以上列举的某万人高校从7个指标内容得出创业环境条件数据,可获取指标的综合得分 = 3.48 × 0.16 + 3.60 × 0.16 + 3.26 × 0.20 + 3.62 × 0.16 + 3.42 × 0.12 + 3.50 × 0.12 + 3.64 × 0.08 = 3.49 分,即该被调查高校大学生创业环境条件综合指标为3.49。以供各高校参考、分析与比较等。

从以上指标中我们可以得出,只要把某年高校大学生创业环境条件调查的数据放入项目成果系统就能得出该年高校大学生创业环境条件综合指标、分项指标等。若将全省高校大学生创业环境条件调查的数据放入项目成果系统就能得出全省高校大学生创业环境总体指标与排序,即最高的"高校"综合指标,最低的"高校"综合指标,"高校"平均综合指标,彰显高校大学生创业环境特色与规律。因此,通过从高校大学生创业环境综合指标历年比较与高校间的对比,能较好地掌握高校大学生创业环境综合状况、发展趋势,也让高校个体了解自身在高校大学生创业环境所处的相对位置。为浙江省高校大学生创业环境科学考核与评价提供标准，也能为提升或改善浙江省高校大学生创业环境指明努力的方向。

参考文献：

［1］陈谷纲、朱慧、马声：《大学生创业环境评价体系的建立——基于专家问卷数据分析的指标重构》，《出国与就业（就业版）》2010 年第 20 期。

［2］郭必裕：《对构建大学生创业评价体系的思考》，《黑龙江高教研究》2003 年第 4 期。

［3］刘士琴：《浅谈大学生创业环境》，《科技信息》2012 年第 1 期。

［4］高建、程源、李习保：《全球创业观察中国报告（2007）——创业转型与就业效应》，清华大学出版社 2008 年版。

第九章 大学生创业专业指导教师队伍的质与量调查及指标分析

专业指导教师对大学生创业起到较大的影响作用，为了充分了解大学生创业专业指导教师对大学生创业的指导情况，科学、合理地考核评价大学生创业专业指导教师队伍质与量的综合指标，根据 GEM 理论框架体系要求，拟将大学生创业看成是一种过程化的活动。大学生创业活动的观察需要体现创业的过程化特征。调查方式、统计口径与 GEM 基本一致；指标设计具有开放性，让它随认识的深刻、形势的变化而变更或充实相应的内容。其技术关键在于设计出指数的体系并获得同行的普遍认可，其难度在于质与量的综合指标的设定、指数项化解为各调查量表进行调查等问题。本章主要观察创业指导教师数量及与创业学生的比例，专兼职创业指导教师教育背景、专业技术与技能，专业教师对创业指导的时间，创业专业教师智力成果转化，还包括创业学生对教师指导效果的评价等。指标统计采用 5 分制办法。

第一节 创业专业指导教师队伍量与质的综合指标

为了对高校大学生创业专业指导教师队伍质量的总体状况做出评价，拟将创业专业指导教师队伍量与质的各项条件以评分形式来评价优劣，分数设定从 0—5，最高分数为 5 分。在考虑不同要素的权重情况下进行加权平均，得出综合分数。

表 9—1　　　　　　创业专业指导教师队伍量与质的综合指标

序号	二级指标	指标含义	权重
A_1	指导教师数量	指校内（包括校外）专兼职创业指导教师数与在校生数的比例	0.25
A_2	教育背景	指校内（包括校外）专兼职创业指导教师学历（或学位）、已有的创业经验及专业背景的人数与创业指导教师总人数的比例	0.15
A_3	专业技术与技能	指校内（包括校外）专兼职创业指导教师的专业技术职称（或专业技术职务）、专业技能及双师型指导教师人数与创业指导教师总人数的比例	0.15
A_4	师资培训与进修	指校内专兼职创业专业教师参加导师专业培训（18 课时以上）人数、各类进修及到企业挂职学习等与在校生人数的比例	0.20
A_5	智力成果转化	指专兼职创业专业教师智力成果转化项目数、对接社会企业获取资金（基金）及获取合作创业项目数与在校生人数的比例	0.13
A_6	指导效果与评价	指专兼职创业专业教师扶持初创团队数、辅导成功团队（持续 6—42 个月）数、辅导创业团队获取经济效益及辅导创业团队为带动就业人数与在校生人数的比例	0.12
ΣA_{1-6}	合计		1.00

　　数据采用调查问卷和课题组组织专家访谈方式获取，调查问卷通过各个高校学生总数按 5% 比例进行无记名随机抽样，被访对象是采用重点访谈与随机访谈相结合，受访专家中由创业研究学者、高校教师、企业家和政府工作人员等组成，同时参考浙江省教育厅统计报表、杭州指数等有关数据资料。

第二节　创业专业指导教师指标分解

一　创业指导教师数量指标

　　（一）将创业指导教师数量指标分解为以下三项三级指标：

一是校内专职创业指导教师指标，指专职创业专业教师数（全职指导或每周指导 10 课时以上教师数）与在校生数的比例，主要考核高校在专职教师上对大学生创业的重视程度；二是校内兼职创业指导教师指标，指兼职创业专业指导教师数（兼职指导或每周指导 2—9 课时教师数）与在校生的比例，主要考核高校在兼职教师上对大学生创业的重视程度；三是校外创业指导教师指标，指聘请校外兼职创业专业指导教师数（兼职指导或每周指导 2—9 课时教师数）与在校生的比例，主要考核通过高校在聘请校外兼职指导教师上对大学生创业的重视程度。

（二）具体分数设置：1. 校内专职创业指导教师指标，以校内专职创业专业教师数与在校生数的比例，按 0.05% 得 1 分，每增加 0.01% 多得 1 分，以此类推，0.09% 以上得 5 分；2. 校内兼职创业指导教师指标，指校内兼职创业专业指导教师数与在校生数的比例，按 0.1% 得 1 分，每增加 0.05% 多得 1 分，以此类推，0.3% 以上得 5 分；3. 校外兼职创业指导教师指标，以校外兼职创业指导教师数与在校生数的比例，按 0.05% 得 1 分，每增加 0.01% 多得 1 分，以此类推，0.09% 以上得 5 分。如表 9—2 所示。

表 9—2　　　　　　　专兼职教师数指标

所得分数 三级指标内容	权重	得 1 分	得 2 分	得 3 分	得 4 分	得 5 分
A_1-1 以校内专职创业专业指导教师数与在校生数的比例	0.40	0.05%	0.06%	0.07%	0.08%	≥0.09%
A_1-2 以校内兼职创业专业指导教师数与在校生数的比例	0.30	0.10%	0.15%	0.20%	0.25%	≥0.30%
A_1-3 以校外兼职创业指导教师数与在校生数的比例	0.30	0.05%	0.06%	0.07%	0.08%	≥0.09%

（三）数据来源参照浙江省教育厅统计报表的有关资料，通

过调查获取的高校相关数据等。如某高校在校生数为 1 万人，校内专职创业专业指导教师 7 人，校内兼职创业专业指导教师 25 人，通过学校聘请校外兼职教师 8 人。其各三级项目指标分别为 3.00 分、4.00 分及 4.00 分。创业指导教师数量综合得分 A_1 = 3.00 × 0.40 + 4.00 × 0.30 + 4.00 × 0.30 = 3.60 分，即创业指导师数量指标为 3.60。取得指标后各高校进行对比与分析。

二 教育背景指标

（一）将创业指导教师教育背景指标分解为以下三项三级指标：一是创业指导教师学历（或学位）层次指标，指专兼职创业专业指导教师拥有学历（或学位）达到标准人数与专兼职创业专业指导教师人数的比例，主要考核高校在专兼职创业专业指导教师拥有学历（或学位）上对大学生创业的重视程度；二是专业背景指标，指符合大学生创业专业需要的专兼职创业专业指导教师人数与专兼职创业专业指导教师人数的比例，主要考核高校在专兼职创业专业指导教师所学专业上对大学生创业的相关程度；三是育人经验与能力指标，指专兼职创业专业指导教师有企业创业（或企业管理）经验人数与专兼职创业专业指导教师人数的比例，主要考核高校在专兼职创业专业指导教师有企业创业（或企业管理）经验上对大学生创业的指导能力程度。

（二）具体分数设置：1. 创业师资学历（或学位）层次指标，指专兼职创业专业指导教师拥有本科和研究生（或学位）合计达标人数与专兼职创业专业指导教师人数的比例，按专科学历30%、本科学历60%、研究生（硕士）以上10%的比例构成为 1 分，每项往上一层提高5%多得 1 分，反之少得 1 分，以此类推，满分为 5 分；2. 专业背景指标，指符合大学生创业专业需要的专兼职创业专业指导教师人数与专兼职创业专业指导教师人数的比例，按相符（或相关）度40%得 1 分，每增加5%多得

1 分，以此类推，60% 以上得 5 分；3. 育人经验与能力指标，指专兼职创业专业指导教师有企业创业（或企业管理）经验人数与专兼职创业专业指导教师人数的比例，按 20% 得 1 分，每增加 5% 多得 1 分，以此类推，40% 以上得 5 分。如表 9—3 所示。

表 9—3　　　　　　　　　　　教育背景指标

所得分数 三级指标内容	权重	得1分	得2分	得3分	得4分	得5分
A_2–1 专兼职创业专业指导教师拥有本科和研究生（或学位）合计达标人数与专兼职创业专业指导教师人数的比例	0.30	70%	75%	80%	85%	≥90%
A_2–2 符合大学生创业专业需要的专兼职创业专业指导教师人数与专兼职创业专业指导教师人数的比例相符（或相关）度	0.40	40%	45%	50%	55%	≥60%
A_2–3 专兼职创业专业指导教师有企业创业（或企业管理）经验人数与专兼职创业专业指导教师人数的比例	0.30	20%	25%	30%	35%	≥40%

（三）数据来源参照浙江省教育厅统计报表的有关资料，通过调查获取的高校相关数据等。如某高校专兼职（包括校外）创业专业指导教师 40 人，由专科学历 15%、本科学历 65%、研究生（硕士）以上 20% 构成，符合大学生创业专业需要的专兼职创业专业指导教师 20 人，有企业创业（或企业管理）经验的 12 人。其各三级项目指标分别为 4.00 分、3.00 分及 3.00 分。创业指导教师教育背景综合得分 = 4.00 × 0.30 + 3.00 × 0.40 + 3.00 × 0.30 = 3.30 分，即创业指导教师数量指标为 3.30。取得指标后各高校进行对比与分析。

三　专业技术与技能指标

（一）将创业指导教师专业技术与技能指标分解为以下四项三级指标：一是专业技术职称指标，指专兼职创业专业指导教师拥有专业技术职称（或专业技术职务）人数与专兼职创业专业指导教师人数的比例，主要考核高校在专兼职创业专业指导教师拥有专业技术职称（或专业技术职务）上对大学生创业专业技术的重视程度；二是专业技能指标，指专兼职创业专业指导教师拥有专业技能人数与专兼职创业专业指导教师人数的比例，主要考核高校在专兼职创业专业指导教师拥有专业技能上对大学生创业专业技能的重视程度；三是专业技术（或能力）对口指标，指符合大学生创业专业技术（或技能）需要的专兼职创业专业教师人数与专兼职创业专业指导教师人数的比例，主要考核高校在专兼职创业专业教师拥有专业技术（或技能）上对大学生创业专业技术（或技能）的重视程度；四是双师型指导教师指标，指专兼职创业专业指导教师拥有两项以上专业技术职称（或技能）人数与专兼职创业专业指导教师人数的比例，主要考核高校在专兼职创业专业指导教师对大学生创业专业技术（或技能）上的重视程度。

（二）具体分数设置：1. 专业技术职务指标，指专兼职创业专业指导教师拥有专业技术职称（或专业技术职务）人数与专兼职创业专业指导教师人数的比例，按中级 30%、高级 10% 的比例构成为 1 分，每项往上一层提高 5% 多得 1 分，反之少得 1 分，以此类推，满分为 5 分；2. 专业技能指标，指专兼职创业专业指导教师拥有专业技能人数与专兼职创业专业指导教师人数的比例，按技师 30%、高级技师 10% 的比例构成为 1 分，每项往上一层提高 5% 多得 1 分，反之少得 1 分，以此类推，满分为 5 分；3. 专业技术（或能力）对口指标，指符合大学生创业专业技术（或技能）需要的专兼职创业专业指导教师人数与专兼职创业专业指导教师人数的比例，按30%得1分，每增加5%多得1分，以此类推，50%以上得5分；4. 双师型指导教师指标，指专兼职创业专业指导教师拥有两项以上专业技术职称（或技能）人数与专兼职创业专业指导教师人数的比例，按10%得1分，每增加5%多得1分，以此类推，30%以上得5分。如表9—4所示。

表9—4　　　　　　　　　　　**专业技术与技能指标**

所得分数 三级指标内容	权重	得1分	得2分	得3分	得4分	得5分
A_3-1 专兼职创业专业指导教师拥有中高级专业技术职称人数与专兼职创业专业指导教师人数的比例	0.30	40%	45%	50%	55%	≥60%
A_3-2 专兼职创业专业指导教师拥有中高级专业技能人数与专兼职创业专业指导教师人数的比例	0.20	40%	45%	50%	55%	≥60%
A_3-3 符合大学生创业中高级专业技术（或技能）需要的专兼职创业专业指导教师人数与专兼职创业专业指导教师人数的比例	0.30	30%	35%	40%	45%	≥50%
A_3-4 专兼职创业专业指导教师拥有两项以上专业技术职称（或技能）人数与专兼职创业专业指导教师人数的比例	0.20	10%	15%	20%	25%	≥30%

（三）数据来源参照浙江省教育厅统计报表的有关资料，通过调查获取的高校相关数据等。如某高校专兼职（包括校外）创业专业指导教师40人，未获职称5%、初级职称44%、中级职称32%、高级职称19%比例构成，二级至六级工48%、技师

40%、高级技师 12% 的比例构成，符合大学生创业专业技术（或技能）需要的专兼职创业专业指导教师人数 15 人，双师型指导师 11 人。其各三级项目得分分别为 3.20 分、3.40 分、2.50 分及 4.50 分。创业指导教师教育背景综合得分 = 3.20 × 0.30 + 3.40 × 0.20 + 2.50 × 0.30 + 4.50 × 0.20 = 3.29 分，即创业指导教师数量指标为 3.29。取得指标后各高校进行对比与分析。

四　师资培训与进修

（一）将创业师资培训与进修指标分解为以下三项三级指标：一是指导教师专业培训指标，指校内专兼职创业专业指导教师参加导师专业培训（18 课时以上）人数与在校生人数的比例，主要考核高校专兼职创业专业指导教师参加大学生创业专业培训情况；二是指导教师各类进修（不包括指导教师专业培训）指标，指校内专兼职创业专业指导教师参加各类进修（不包括指导教师专业培训）人数与在校生人数的比例，主要考核高校专兼职创业专业教师参加进修学习情况；三是指导教师到企业挂职指标，指校内专兼职创业专业指导教师到企业挂职学习（60 课时以上）人数与在校生人数的比例，主要考核高校专兼职创业专业教师到企业挂职实践情况。

（二）具体分数设置：1. 指导教师专业培训指标，指校内专兼职创业专业指导教师参加导师专业培训（18 课时以上）人数与在校生人数的比例，按 0.05% 得 1 分，每增加 0.05% 多得 1 分，以此类推，0.25% 以上得 5 分；2. 指导教师各类与创业指导相关的培训进修指标，指校内专兼职创业专业指导教师参加各类与创业指导相关的培训人数与在校生人数的比例，按 0.1% 得 1 分，每增加 0.05% 多得 1 分，以此类推，0.3% 以上得 5 分；3. 指导教师到企业挂职指标，指校内专兼职创业专业指导教师到企业挂职学习（60 课时以上）人数与在校生人数的比例，按 0.05% 得 1 分，每增加 0.01% 多得 1 分，以此类推，0.09% 以上得 5 分。如表 9—5 所示。

表 9—5　　　　　　　　　　师资培训与进修指标

所得分数 三级指标内容	权重	得 1 分	得 2 分	得 3 分	得 4 分	得 5 分
A_4-1 校内专兼职创业专业指导教师参加指导教师专业培训（18 课时以上）人数与在校生人数的比例	0.40	0.05%	0.10%	0.15%	0.20%	≥0.25%
A_4-2 校内专兼职创业专业指导教师参加各类与创业指导相关的培训人数与在校生人数的比例	0.30	0.10%	0.15%	0.20%	0.25%	≥0.30%
A_4-3 校内专兼职创业专业指导教师到企业挂职学习（60 课时以上）人数与在校生人数的比例	0.30	0.05%	0.06%	0.07%	0.08%	≥0.09%

（三）数据来源参照浙江省教育厅统计报表的有关资料，通过调查获取的高校相关数据等。如某高校在校生数为 1 万人，校内专兼职创业专业指导教师 30 人，参加导师专业培训（18 课时以上）16 人，各类与创业指导相关的培训 22 人，到企业挂职学习（60 课时以上）7 人。其各三级项目指标分别为 3.20 分、3.40 分及 3.00 分。创业指导师教育背景综合得分 = 3.20 × 0.40 + 3.40 × 0.30 + 3.00 × 0.30 = 3.20 分，即创业指导教师数量指标为 3.20。取得指标后各高校进行对比与分析。

五　智力成果转化与合作

（一）将创业指导教师智力成果转化与合作指标分解为以下三项三级指标：一是指导教师智力成果转化指标，指专兼职创业专业指导教师智力成果转化项目数与在校生人数的比例，主要考核高校在专兼职创业专业指导教师智力成果转化为大学生创业项目情况；二是指导教师对接社会企业获取资金（基金）指标，指专兼职创业专业指导教师对接社会企业获取资金（基金）数额与在校生人数的比例，主要考核高校专兼职创业专业指导教师为大学生创业对接社会企业获取资金（基金）情况；三是通过指导教师获取合作创业项目指标，指专兼职创业专业指导教师获取合作创业项目数与在校生人数的比例，主要考核高校专兼职创业专业指导教师为大学生创业获取合作的项目情况。

（二）具体分数设置：1. 指导教师智力成果转化指标，指专兼职创业专业指导教师智力成果转化项目数与在校生人数的比例，按 0.05% 得 1 分，每增加 0.05% 多得 1 分，以此类推，0.25% 以上得 5 分；2. 指导教师获取资助指标，指专兼职创业专业指导教师对接社会企业获取资金（基金）数额与在校生人数的比例，按 10：1 得 1 分，每增加 10：1 多得 1 分，以此类推，50：1 以上得 5 分；3. 指导教师获取合作创业项目指标，指专兼职创业专业指导教师获取合作创业项目数与在校生人数的比例，按 0.05% 得 1 分，每增加 0.01% 多得 1 分，以此类推，0.09% 以上得 5 分。如表 9—6 所示。

表 9—6　　　　　　　　　智力成果转化与合作指标

所得分数　　三级指标内容	权重	得 1 分	得 2 分	得 3 分	得 4 分	得 5 分
A_5-1 专兼职创业专业指导教师智力成果转化项目数与在校生人数的比例	0.40	0.05%	0.10%	0.15%	0.20%	≥0.25%
A_5-2 专兼职创业专业指导教师对接社会企业获取资金（基金）数额与在校生人数的比例	0.30	10：1	20：1	30：1	40：1	≥50：1
A_5-3 专兼职创业专业指导教师获取合作创业项目数与在校生人数的比例	0.30	0.05%	0.06%	0.07%	0.08%	≥0.09%

（三）数据来源参照浙江省教育厅统计报表的有关资料，通过调查获取的高校相关数据等。如某高校在校生数为 1 万人，专兼职创业专业指导教师智力成果转化项目数 14 个，对接社会企业获取资金（基金）40 万元，获取社会合作创业项目 7 个。其各三级项目指标分别为 2.80 分、4.00 分及 3.00 分。创业指导教师教育背景综合得分 $= 2.80 \times 0.40 + 4.00 \times 0.30 + 3.00 \times 0.30 = 3.22$ 分，即创业指导教师数量指标为 3.22。取得指标后各高校进行对比与分析。

六　指导效果与评价

（一）将创业指导教师队伍指导效果与评价指标分解为以下四项三级指标：一是扶持初创团队指标，指专兼职创业专业指导教师扶持初创团队数与在校生人数的比例，主要考核高校专兼职创业专业指导教师为大学生扶持初创团队情况；二是辅导成功团队指标，指专兼职创业专业指导教师辅导成功团队（持续 6—42 个月）数与在校生人数的比例，主要考核高校专兼职创业专业指导教师为大学生创业辅导成功团队情况；三是辅导创业团队获取经济效益指标，指专兼职创业专业指导教师辅导创业团队获取经济效益数额与在校生人数的比例，主要考核高校专兼职创业专业指导教师为大学生创业获取合作的项目情况；四是辅导创业团队为带动就业指标，指专兼职创业专业指导教师辅导创业团队为社会带动就业人数与在校生人数的比例，主要考核高校专兼职创业专业指导教师辅导创业团队为社会带动就业效益情况。

（二）具体分数设置：1. 扶持初创团队指标，指专兼职创业专业指导教师扶持初创团队数与在校生人数的比例，按 0.1% 得 1 分，每增加 0.02% 多得 1 分，以此类推，0.18% 以上得 5 分；2. 辅导成功团队指标，指专兼职创业专业指导教师辅导成功团队（持续 6—42 个月）数与在校生人数的比例，按

0.05%得1分，每增加0.05%多得1分，以此类推，0.25%以上得5分；3. 辅导创业团队获取经济效益指标，指专兼职创业专业指导教师辅导创业团队获取经济效益数额与在校生人数的比例，按50:1得1分，每增加10:1多得1分，以此类推，90:1以上得5分；4. 辅导创业团队为带动就业指标，指专兼职创业专业指导教师辅导创业团队为社会带动就业人数与在校生人数的比例，按0.5%得1分，每增加0.1%多得1分，以此类推，0.9%以上得5分。如表9—7所示。

表9—7　　　　　　　　　　指导效果与评价

所得分数 三级指标内容	权重	得1分	得2分	得3分	得4分	得5分
A_6-1专兼职创业专业指导教师扶持初创团队数与在校生人数的比例	0.30	0.10%	0.12%	0.14%	0.16%	≥0.18%
A_6-2专兼职创业专业指导教师辅导成功团队（持续6—42个月）数与在校生人数的比例	0.30	0.05%	0.10%	0.15%	0.20%	≥0.25%
A_6-3专兼职创业专业指导教师辅导创业团队获取经济效益数额与在校生人数的比例	0.20	50:1	60:1	70:1	80:1	≥90:1
A_6-4专兼职创业专业指导教师辅导创业团队为社会带动就业人数与在校生人数的比例	0.20	0.5%	0.6%	0.7%	0.8%	≥0.9%

（三）数据来源参照浙江省教育厅统计报表的有关资料，通过调查获取的高校相关数据等。如某高校在校生数为1万人，专兼职创业专业指导教师扶持初创团队数15个，辅导成功团队数18个，辅导创业团队获取经济效益72万元，辅导创

业团队带动就业人数 80 个。其各三级项目指标分别为 3.50 分、3.60 分、3.20 分及 4.00 分。创业指导教师教育背景综合得分 $= 3.50 \times 0.30 + 3.60 \times 0.30 + 3.20 \times 0.20 + 4.00 \times 0.20 = 3.57$ 分，即创业指导教师数量指标为 3.57。取得指标后各高校进行对比与分析。

第三节 结束语

从以上六项内容所计算出的二级指标数值，通过加权平均法得到一级指标 $= 3.60 \times 0.25 + 3.30 \times 0.15 + 3.29 \times 0.15 + 3.20 \times 0.20 + 3.22 \times 0.13 + 3.57 \times 0.12 = 3.38$，即该高校专业指导教师队伍的量与质指标为 3.38。据此可以展开评价分析。

以上指标研究设计较为缜密，数据采集渠道合理、科学，计算方法简单、精确，指标可信度较高，能为高校大学生创业专业指导教师队伍质与量的综合指标测算与考核评价提供比较准确的依据。然而，大学生创业专业指导教师队伍的质与量调查工作比较繁杂；数据来源受被调查高校样本真实性、可靠性与样本数量比重限制及人为因素影响等原因；在指标内容与分解上还带有一定的主观性等。都可能对指标测算产生一定误差，也在一定程度上影响高校大学生创业专业指导教师队伍的质与量指标的准确性。希望在指标测试与使用中引起高度重视且尽量加以规避。

参考文献：

[1] 高建、程源、李习保等：《全球创业观察中国报告（2007）——创业转型与就业效应》，清华大学出版社 2008 年版。

[2] 罗良忠：《中国大学生创业环境与政策问题研究》，《未来与发展》

2007 年第 7 期。

[3] 张鹏宇:《我国高校大学生创业问题研究》,硕士学位论文,东北财经大学,2010 年。

第十章　高校创业教育理念评价指标体系的思考

大学教育理念反映着人们对大学教育内在的本质规定性，对高校创业教育理念的量化思考将影响人们创业教育中最重要的评估活动。

第一节　问题的提出

根据"全球创业观察"（Global Entrepreneurship Monitor，简称 GEM）资料，创业对国家经济增长的贡献不仅表现在经济总量、经济效益的增长上，也表现在改善就业、创造新的就业岗位和推动技术创新上。创业环境条件是创业的重要影响因素，在对我国近年创业环境的调查中，表现最好的是有形基础设施，表现较好的是创业文化和规范、市场开放程度，表现一般的是政府项目和政府政策，而表现较差的是金融支持、教育与培训。创业教育薄弱、创业技能低成为我国创业活动的一个突出特点，因此加强创业教育，以此来提高创业者的技能，是提高创业效率的必由之路。

创业教育兴起于 20 世纪六七十年代的美国，并在八九十年代获得迅速发展。根据资料，1968 年全美国只有 4 所大学开设了创业课程，1998 年达到 1060 所。创业教育（Enterprise Education）的概念，于 1989 年 11 月底由联合国教科文组织在北京召开的"面向 21 世纪教育国际研讨会"上被正式提出。1995 年联合国教科文组织全面阐述了完整的创业教育概念，即创业教育包括两个方面的内容：求职和创造新的就业岗位。1998 年召开的世界高等教育大会进一步强调指出：高等教育应培养创业技能与主动精神，毕业生将愈来愈不再仅仅是求职者，而首先将成为工作岗位的创造者。1999 年，联合国教科文组织在发表的《21 世纪的高等教育：展望与行动世界宣言》中提出：必须将创业技能和创业精神作为高等教育的基本目标。在我国，2002 年 4 月，教育部确定了清华大学等九所大学为创业教育试点院校，开始实施创业教育工作。

在创业教育研究方面，美国是创业教育研究最成熟的地方，杰弗里·蒂蒙斯教授是美国从事创业学教育的领袖人物。他在创业管理、新企业创建、创业融资、风险投资、创新性课程开发等方面进行系统研究，并在百森商学院全面推行，在创业教育研究和实践方面做出突出贡献。斯坦福大学的创业教育更是美国创业教育的成功典范。国内，笔者在中国知网输入关键词"创业教育"搜索，相关文章共有 2122 篇，涉及创业教育概念、创业教育课程、创业教育环境、创业教育相关评价指标等方面。但是，笔者发现尚无在创业教育理念评价指标体系方面的文章，然而大学理念是大学办学行为的指导，创业教育理念评价指标的建立，对大学创业教育有效实施、创业教育规范化起着关键性作用。因此，本章将探讨我国高校创业教育理念评价指标体系，以期促进高校创业教育更好更快发展。

第二节　创业教育理念的内涵

大学理念是指人们对大学教育内在的本质规定、价值取向，外化的功能、目的和方法等一系列基本问题理论化、系统化的，具有相对稳定性和延续性的理论体系。大学理念是大学之魂，随着时代的发展，大学的社会责任感逐渐加强，大学理念主要经历了知识教育、素质教育、就业教育、择业教育、创新创业教育理念等阶段。

创业教育概念方面，世界经济合作与发展组织专家柯林·博尔将创业教育总结为："创业教育是指通过开发和提高学生创业基本素质和创业能力的教育，使学生具备从事创业实践活动所必需的知识、能力及心理品质，是未来的人应掌握的'第三本教育护照'。"因此大学创业教育理念可以表述为以培养具有创业知识、创业能力和创业心理品质的人才为目标的一种教育理念。创业教育理念对创业教育的行为方式、运作方法以及教育效果起着决定性的作用。

第三节　高校创业教育理念评价指标的建立

创业教育理念是一个隐性的概念，为了能有效建立其评价指标体系，我们将一个大学贯彻创业教育理念所表现出来的行为这样一种显性表现作为我们的评价指标依据。

由于现有文献没有对创业教育理念指标体系的论述，本次指标建立，我们主要采用德尔菲法。德尔菲法又名专家意见法，是依据系统的程序，采用匿名方式发表意见，即接受调查专家团队成员之间不相互谈论，不发生横向联系，只能与调查实施人员进行沟通，通过填写问卷，以集结问卷填写人的共识及搜集各方意见，对不同意见部分再次设计问卷，如此反复进行直到意见一致。经过几轮征询，我们将高职院校的创业教育理念评价指标分为创业教育课程教学、创业教育实践教学和对创业成就或行为的支持三方面。

一　创业教育课程教学

创业教育课程教学包含两部分内容，分别是创业教育课程体系的完整性和创业教育课程的课时。其完整性是指贯彻创业为导向的教育理念从而所表现出来的创业教育课程体系的完整性，主要用开设创业教育课程量和对其课程系统性两方面来衡量。创业教育课时是指贯彻创业为导向的教育理念从而所表现出来的创业教育课程的课时量，分两个层次，一是高职院校开设普及创业教育课时数；二是创业教育精英班的课时量。

二　创业教育实践教学

创业教育实践教学是指组织学生参与创业竞赛、开展创造发明活动及试创业的频率。组织参与创业竞赛，如清华大学主办的"挑战杯"全国创业大赛。这几年，地方政府越来越重视创业大赛，比如温州政府2011年举办了温州青年创业大赛，高职院校学生也是可以参加的。开展创造发明活动可以学校指导学生对创造发明成果申请的专利数为依据。试创业频率是指小企业的创办情况，主要是指入驻学院创业园和其他已初步成型企业数。

三　对创业成就或行为的支持

对创业成就或行为的支持包含对创业有成就学生的支持或表彰和对支持学生创业的教师的支持或表彰。比如针对创业有成就的学生，给予学校层面的奖励，同时帮助申请"创业之星"等荣誉称号。教师方面也给予一定的表彰鼓励。

第四节　高校创业教育理念评价指标模型

根据以上说明，高职院校创业教育理念评价指标模型可以概括为如表10—1所示：

表 10—1　　　　　　　高职院校创业教育理念评价指标

创业教育理念评价	二级指标	三级指标
	创业教育课程教学	创业教育课程体系的完整性
		创业教育课程的课时
	创业教育实践教学	创业计划竞赛
		开展创造发明活动
		试办小型企业量
	对创业成就或行为的支持	对创业有成就学生的支持或表彰
		对支持学生创业的教师的支持或表彰

第五节　指标权重与评分依据

创业教育理念对创业教育的行为方式、运作方法以及教育效果起着决定性的作用。创业教育理念评价指标体系建立能更好地推进高职院校创业教育的发展。作为当前使用的指标体系，依据科学性、可操作性和简便性的原则，我们同样采用德菲尔法设定指标权重与评分依据设计，具体如表10—2：

表 10—2　　　　　　　　　　**权重及评分依据**

二级指标	权重	三级指标	权重	指标内容	权重	打分方法
创业教育理念：学校教育理念中以创业为导向的课程内容	0.4	创业教育课程体系的完整性：贯彻创业为导向的教育理念从而所表现出来的创业教育课程体系的完整性	0.5	完整性的主观评价	20	分五级程度打分
				课程量	80	1 门课程计 20 分，增加 1 门增计 20 人，≥4 门计 80 分
		创业教育课程的课时：贯彻创业为导向的教育理念从而所表现出来的创业教育课程的课时量。注：如无精英班则可把两项内容归并单记普及教育的课时量	0.5	普及教育的课时量	50	每人年平均 10 课时计 10 分，每增加 1 课时增计 1 分，≥50 计 50 分
				精英班教育的课时量	50	每人年平均 20 课时计 10 分，每增加 2 课时增计 1 分，≥100 计 50 分
创业实践课程指标组织学生参与创业竞赛、开展创业发明活动及试创业的频率	0.4	创业计划竞赛：是否经常开展创业计划的竞赛	0.3	对频度的主观评价	100	分五级程度打分
		开展创造发明活动：是否经常开展创造发明活动	0.3	对频度的主观评价	100	分五级程度打分
		试办小型企业量：是否经常有小企业在试办	0.4	新办小企业的数量	100	1 家计 20 分，增加 1 家增计 20 分，≥5 家计 100 分

二级 指标	权重	三级 指标	权重	指标内容	权重	打分方法
对创业成就或行为的支持指标：对创业有成就的学生给予必要的表彰，对热衷于支持学生创业的教师予以理解与支持	0.4	对创业学生的表彰：对创业有成就的学生给予必要的表彰	0.5	对频度的主观评价	100	分五级程度打分
		对支持学生创业的教师的表彰：对热衷于支持学生创业的教师予以理解与支持	0.5	对频度的主观评价	100	分五级程度打分

参考文献：

［1］席升阳：《我国大学创业教育的理论与实践研究》，博士学位论文，华中科技大学，2007 年。

［2］魏丽波：《基于创业教育理念下的高职院校实践教学体系研究》，硕士学位论文，吉林农业大学，2007 年。

［3］李蓉：《创业绩效的结构模型与效用评价研究》，硕士学位论文，浙江大学，2007 年。

［4］吕贵兴：《高校创业教育评价指标体系构建研究》，《潍坊学院学报》2010 年第 2 期。

［5］黄志纯、刘必干：《关于构建高职生创新创业教育评价体系的思考》，

《教育与职业》2007 年第 10 期。

　　［6］李明章、代吉林：《我国大学创业教育效果评价——基于创业意向及创业胜任力的实证研究》，《国家教育行政学院学报》2011 年第 5 期。

第十一章　大学生创业与创业教育活动中创新特色指标初探

以创新为前提的创业活动是人们最大的期待，如何评价大学生创业与创业教育活动中创新特色自然就成了大学生创业评价的有待探索的内容。观察学校对于机会型创业企业支持特色、对高成长型创业企业的政策倾斜、从政策上表现出来的对知识产权的重视程度、对新型创业模式的关注程度是分析一个学校创业教育活动中是否具有创新特色的主要标志。

第一节　问题的提出

近年来，我们国家对大学生创业教育愈来愈重视。为加强普通高校创业教育教学，教育部先后印发了《教育部关于大力推进高等学校创新创业教育和大学生自主创业工作的意见》，召开了中国大学生自主创业工作经验交流会暨全球创业周峰会，尤其是为深入贯彻和落实胡锦涛总书记在庆祝清华大学建校100周年大会上的重要讲话精神和教育规划纲要，进一步加强高校创业教育工作，教育部高等教育司于2012年8月1日发文《关于征求对〈普通高等学校创业教育教学基本要求（试行）〉等意见的通知》，制定了《普通高等学校创业教育教学基本要求（试行）》和《〈创业概论〉课程教学大纲（试行）》。

随着普通高等学校大学生创业教育如火如荼地开展，一个如何评价普通高等学校大学生创业教育成效的问题显现在高等学校管理者的面前。为此，浙江工贸职业技术学院成立了"大学生创业指数"课题组，旨在对高等院校大学生创业教育开展情况进行综合评价。

本章是"大学生创业指数"课题的子课题"大学生创业与创业教育活动中创新特色指标"的研究成果。

第二节　大学生创业与创业教育活动中创新特色指标

在中国成为世界制造工厂的论断被世人普遍接受的时候，我国要从世界制造大国向世界"智造"或中国创造大国转变的呼声愈来愈高。毫无疑问，创新因素是完成这一从制造到"智造"或创造转变的关键。大学生创业教育中对创新教育灌输也毋庸置疑地应得到重视。创新是以新思维、新发明和新描述为特征的一种概念化过程，难以具体量化。所以，本章只希望通过若干维度进行分别观察和测量，最后加权综合，形成特色指标，尽可能客观地评测大学生创业与创业教育活动中的创新特色。我们选定的观察维度为：①观察学校对于机会型创业支持特色；②观察对高成长型创业企业的政策倾斜；③观察从政策上表现出来的对知识产权的重视程度；④观察对新型创业模式的关注。

第三节　创新特色指标具体量化设计

一　学校对机会型创业支持特色

全球创业观察（GEM）项目在 2001 年的报告中第一次提出了生存型创业和机会型创业的概念。所谓机会型创业是指为了追求一个商业机会而从事创业的创业活动。创业商机是机会型创业的核心概念。因此，大学生创业教育中是否重视创业商机教育十分关键。基于以上考虑，我们设计分量指标和评分标准，见表 11—1。

表 11—1　　　学校对机会型创业支持特色分量指标

分量指标	权重	评分标准
创业课程中有无关于创业商机的独立教学模块	0.8	大于 4 课时，得 100 分；等于 4 课时，得 90 分；等于 3 课时，得 80 分；等于 2 课时，得 70 分；等于 1 课时，得 60 分；小于 1 课时，得 0 分
是否只考虑机会型创业项目入驻学校大学生创业园	0.2	是，得 100 分；否，得 0 分

二　对高成长型创业企业的政策倾斜

企业的成长性是一个内涵非常丰富的概念。企业成长性包括效益的提升、规模的增长，即质与量的发展。大量企业发展的实践观察，以及企业管理理论的研究发现，企业成长性的主要决定因素包括五个方面：管理团队、自主创新能力、盈利模式、所处行业和外部宏观经济环境。我们观察大学对高成长型创业企业的政策倾斜，主要是大学是否有举措扶持高成长型创业企业，以及是否有实质性的政策惠及这一类企业。

表 11—2　　　对高成长型创业企业的政策倾斜分量指标

分量指标	权重	评分标准
是否对入驻大学生创业园的项目进行定期业绩考核	0.5	1. 有定期业绩评定，得 50 分；2. 有定期基于业绩的退园制度，得 30 分；3. 定期对业绩出色企业给予表彰和奖励，得 20 分

分量指标	权重	评分标准
是否为高成长型创业项目加配资源	0.5	1. 为高成长型企业提供过融资支持，得 50 分；2. 有为高成长型企业提供融资支持的制度，得 30 分；3. 可以为高成长型企业配备导师，得 20 分

三　从政策上表现出来的对知识产权的重视程度

知识产权（intellectual property）指权利人对其所创作的智力劳动成果所享有的专有权利。知识产权为创新成果完成人的权益提供了法律保障，调动了人们从事创新的积极性和创造性。同时，为创新成果的推广应用和传播提供了法律机制。企业必须加强对知识产权的有效保护，通过普法宣传和教育，普及有关知识产权的法律知识。为此，我们设定如下指标，见表11—3。

表 11—3　　从政策上表现出来的对知识产权的重视程度分量指标

分量指标	权重	评分标准
是否开展知识产权知识教育	0.7	1. 一年内专门开设过知识产权相关课程，得 70 分；2. 一年内举办过知识产权相关讲座，得 30 分
是否对申请知识产权的大学生项目有专门补助或奖励	0.3	有，得 100 分；无，得 0 分

四　对新型创业模式的关注

创业模式指的是创业者为保障自身的创业理想与权益，而对各种创业要素的合理搭配。即创业的组织形式、创业的方式确定、创业的行业选择组成了创业模式。在大学生中开展各种形式的创业模式创新教育对大学生创新实践很有帮助。对新型创业模式的关注分量指标，见表 11—4。

表 11—4　　　　　　　对新型创业模式的关注分量指标

分量指标	权重	评分标准
创业课程中有无关于创业模式创新的独立教学模块	0.6	大于 4 课时，得 100 分；等于 4 课时，得 90 分；等于 3 课时，得 80 分；等于 2 课时，得 70 分；等于 1 课时，得 60 分；小于 1 课时，得 0 分
是否开展新型创业模式知识教育	0.4	1. 一年内专门开设过创业模式创新相关课程，得 70 分；2. 一年内举办过创业模式创新相关讲座，得 30 分

五　指标汇总

综合以上四项分量指标的设定，创业与创业教育活动中的创新特色最后汇总，见表 11—5。

表 11—5　　　　　　　　指标加权汇总

一级指标	指标值	二级指标	权重	三级指标	权重	评分标准
创业与创业教育活动中的创新特色	100 分	对于机会型创业支持特色	0.25	创业课程中有无关于创业商机的独立教学模块	0.8	大于 4 课时，得 100 分；等于 4 课时，得 90 分；等于 3 课时，得 80 分；等于 2 课时，得 70 分；等于 1 课时，得 60 分；小于 1 课时，得 0 分
				是否只考虑机会型创业项目入驻学校大学生创业园	0.2	是，得 100 分；否，得 0 分

一级指标	指标值	二级指标	权重	三级指标	权重	评分标准
创业与创业教育活动中的创新特色	100分	对高成长型创业企业的政策倾斜	0.25	是否对入驻大学生创业园的项目进行定期业绩考核	0.5	1. 有定期业绩评定，得50分；2. 有定期基于业绩的退园制度，得30分；3. 定期对业绩出色企业给予表彰和奖励，得20分
				是否为高成长型创业项目加配资源	0.5	1. 为高成长型企业提供过融资支持，得50分；2. 有为高成长型企业提供融资支持的制度，得30分；3. 可以为高成长型企业配备导师，得20分
		政策上表现出来的对知识产权的重视程度	0.25	是否开展知识产权知识教育	0.7	1. 一年内专门开设过知识产权相关课程，得70分；2. 一年内举办过知识产权相关讲座，得30分
				是否对申请知识产权的大学生项目有专门补助或奖励	0.3	有，得100分；无，得0分
		对新型创业模式的关注	0.25	创业课程中有无关于创业模式创新的独立教学模块	0.6	大于4课时，得100分；等于4课时，得90分；等于3课时，得80分；等于2课时，得70分；等于1课时，得60分；小于1课时，得0分
				是否开展新型创业模式知识教育	0.4	1. 一年内专门开设过创业模式创新相关课程，得70分；2. 一年内举办过创业模式创新相关讲座，得30分

第四节　结束语

本章基于观察维度：①观察学校对于机会型创业企业支持特色；②观察对高成长型创业企业的政策倾斜；③观察从政策上表现出来的对知识产权的重视程度；④观察对新型创业模式的关注。对大学生创业与创业教育活动中的创新特色进行综合评测。

目前的研究结果还只是理论初探，各指标权重还是主观设定，有待下一步实证研究加以校正。

参考文献：

［1］中华人民共和国教育部：《教育部关于大力推进高等学校创新创业教育和大学生自主创业工作的意见》，2010 年 5 月 4 日。

［2］教育部办公厅：《教育部办公厅关于印发〈普通本科学校创业教育教学基本要求（试行）〉的通知》，2012 年 8 月 20 日。

［3］Reynolds, Bygrave, Autio, Cox, Bay, *Global Entrepreneurship Monitor*, 2002.

［4］胡经生、蔡慧：《企业成长性、自主创新与创业板市场》，《中国金融》2009 年第 8 期。

［5］段瑞春：《创新型企业：知识产权与品牌战略》，《中国软科学》2005 年第 12 期。

［6］彭小媚、陈祖新：《大学生创业模式探讨》，《中国高新技术企业》2008 年第 1 期。

第十二章 大学生创业绩效评价
指标体系的构建

大学生创业绩效评价指标体系是大学生创业指数的一项重要组成部分，构建通用有效的创业绩效评价指标体系对于大学生创业主体、高校、政府和投资者都有重大意义。创业绩效评价指标体系有利于大学生创业主体更清楚创业项目的实际发展态势；有利于高校更好地开展创业教育，指导大学生创业；有利于政府更好地制定和执行科学的创业政策，推动创业实践；同时也为投资者的投资决策提供了有效参考。

虽然创业绩效较多地作为因变量出现在大量的创业实证文献中，然而研究者在进行创业绩效评价时，往往根据研究目的选择评价指标，缺少充分的指标选取理由和理论依据，对于专门研究大学生创业绩效评价的相关文献更是少之又少。

第一节 平衡计分卡

由于创业研究本身尚未形成一个独立的学术领域，因此我们需要从组织和战略管理领域获得绩效评价的相关理论信息。19世纪初至今，企业绩效评价主要经历了传统的财务绩效评价阶段，创新型财务绩效评价——经济附加值（EVA）评价阶段和平衡计分卡评价阶段。

1992年罗伯特·卡普兰和戴维·诺顿（Robert Kaplan & David Norton）在《哈佛商业评论》上发表了关于平衡计分卡的第一篇文章《平衡计分卡——业绩衡量与驱动的新方法》。平衡计分卡强调，传统的财务会计模式只能衡量过去发生的事项（落后的结果因素），但无法评估企业前瞻性的投资（领先的驱动因素），因此，必须改用一个将组织的愿景转变为一组由四项观点组成的绩效指标架构来评价组织的绩效。平衡记分卡设计包括四个层面：财务、客户、内部经营流程以及学习与成长。这四个层面包含了企业三个主要的利益相关者：股东、顾客、员工。每个层面都有相应的评价指标（见表12—1）。

表 12—1　　　　　　平衡计分卡中的常用评价指标

层面	常用评价指标
财务	营业收入、投资报酬率、经济增加值、销售额、现金流量
客户	客户满意度、客户保持率、客户获得率、市场占有率
内部经营流程	质量、反应时间、成本、推出新产品
学习与成长	员工满意度、员工保持、员工培训和技能、研发投入

第二节　创业绩效评价指标体系的构成

在对大学生创业绩效进行评估时首先应遵循这些原则：可比性、全面性、综合性、宏观性；其次是设计出一套专用的系统化的、有机联系的、具有可行性和操作性的评价指标体系。

现借鉴平衡计分卡的一些理念，构建大学生创业绩效评价指标体系。该指标体系由财务绩效指标和非财务绩效指标构成。其中非财务绩效指标包含四个维度：顾客忠诚度、公司成长性、员工承诺度和社会效益。这个指标体系不仅考虑了大学生创业企业的财务绩效，而且也考虑了重要的利益相关者，比如顾客、员工等方面。由于大学生创业与大学生创业教育紧密相关，所以笔者借鉴相关创业教育的研究结果，将大学生创业的社会效益列入绩效评价范围之内。具体如图12—1所示。

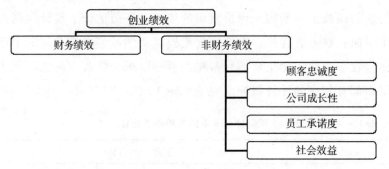

图12—1 大学生创业绩效评价指标体系

第三节 创业绩效评价指标说明

一 财务绩效

传统的财务层面的评价只着眼于短期财务指标的高低，但创业企业的整体发展立足于长期发展和获取利润的能力。因此要评价创业企业的绩效，还要全方位地选取重要的财务指标来反映创业企业的长期成长能力。财务层面的绩效评价是创业企业经营能力的最终体现。除了利润以外的主要财务方面指标包括：流动比率（流动资产/流动负债）、权益净利率（净利润/平均净资产）、相对市场份额占有率（规定的评价期内销售额增加量/同行业创业企业总销售额增加量）。

二 顾客忠诚度

顾客是企业重要的利益相关者，而在平衡计分卡模型中，与顾客相关的常用评价指标有顾客满意度、顾客忠诚度等。20 世纪 90 年代以来，许多学者研究了顾客满意与顾客忠诚之间的关系，认为顾客满意是通向顾客忠诚的基础，也就是说顾客忠诚是建立在顾客满意基础之上的。顾客忠诚度可以从行为和态度两方面更好地体现顾客对企业的重要意义。

三　公司成长性

公司成长性是众多研究者认同的创业绩效指标，因为对于新创企业而言，只有快速成长，才能与市场上的其他竞争对手抗衡，奠定继续发展的基石。快速成长的企业能够获得更多的资源，意味着市场的接受度高，是其成功的一个象征。结合已有文献，笔者认为公司的成长可以包括公司规模的增长和创新能力的增长，其中规模增长可以包括员工人数、市场占有率、产品或服务的数量等方面的增长；技术创新能力方面的成长可以量化为知识产权的转化率。

四　员工承诺度

在新创企业中，组织成员的作用发挥着尤为重要的作用。员工工作是否努力、员工离职情况等都对企业有着重大的影响，因为新创企业不像成熟企业，能够较为顺利地应对由员工带来的问题（如员工不满、员工稳定性差等），可以说员工承诺度极大影响着新创企业的成功与否。

加拿大学者迈耶和艾伦（Meyer & Allen）对以前诸多研究者关于组织承诺的研究结果进行了全面的分析和回顾，将组织承诺定义为：体现员工和组织之间关系的一种心理状态，隐含了员工对于是否继续留在该组织的决定。并提出了组织承诺的三因素模型：一是感情承诺，指员工对组织的感情依赖、认同和投入，员工对组织所表现出来的忠诚和努力工作，对组织有深厚的感情，而非物质利益；二是继续承诺，指员工对离开组织所带来的损失的认知，是员工为了不失去多年投入所换来的待遇而不得不继续留在该组织内的一种承诺；三是规范承诺，反映的是员工对继续留在组织的义务感，它是员工由于受到了长期社会影响形成的社会责任而留在组织内的承诺。

五　社会效益

大学生创业产生的社会效益可以分为以下三个软性指标。

（一）创业所带动的就业数量

这个指标包含两方面内容：一是创业占就业比重，即指在一定时期内，通过创业实现就业的人员占全体就业人员的比重；二是创业带动率，即指在一定时期内，平均一个人创业可以带动的就业人数。

（二）创业氛围影响力

这是指大学生成功创业对社会创业氛围、创业文化的影响。大学生创业这一理念是近年来很多学者研究的热点问题，但是仅依靠理论研究是不够的，只有大学生创业实践才能真正营造创业的氛围与环境，才能让社会普遍接受大学生创业这一事实，进而促使社会各界力量来支持鼓励大学生去创业，这是大学生创业成功给社会带来的一大深远影响。

（三）人才吸纳

这是评价大学生成功创业在吸纳人才方面的影响。大学生成功创业在促进了这一地区经济发展、带动就业的同时，从更深层次上讲也为吸引人才、留住人才防止人才流失做出了一定贡献，进而为促进本地区劳动者整体素质的提高产生长远而积极的影响。

第四节　总结

创业绩效评价体系可以对大学生创业企业的绩效进行评估，以促进大学生创业者更好地管理企业，同时促进高校和政府更有效地引导大学生创业。我们通过文献阅读和相关专家访谈，确定了评价指标体系，见表12—2。

表 12—2　　　　　　　　　大学生创业绩效评价体系

一级指标	权重	二级指标	权重	三级指标	指标值	计分方法
财务绩效	0.6	利润增长率	0.2	本年度利润与上年度利润总额的比率	100	将最大比率记100分，其余比率按比例缩小
		销售收入增长率	0.2	本年度销售收入与上年度销售收入的比率	100	将最大比率记100分，其余比率按比例缩小
		总资产收益率	0.2	净利润占平均资产总额的百分比	100	将最大百分比记100分，其余百分比按比例缩小
		投资回报率	0.2	年均利润占投资总额的百分比	100	将最大百分比记100分，其余百分比按比例缩小
		销售利润率	0.2	利润总额占营业收入的百分比	100	将最大百分比记100分，其余百分比按比例缩小

一级指标	权重	二级指标	权重	三级指标	指标值	计分方法
非财务绩效	0.4	顾客忠诚度	0.25	顾客偏爱并长期重复购买企业产品或服务的程度	100	五级制量表打分，赋值小表示该指标所代表的事实存在的可能性小；反之，赋值大表示该指标所代表的事实存在的可能性大。最高分赋值100分，其余按比例缩小
		公司成长性	0.25	公司规模增长	50	五级制量表打分，赋值小表示该指标所代表的事实存在的可能性小；反之，赋值大表示该指标所代表的事实存在的可能性大。最高分赋值50分，其余按比例缩小
				公司创新能力的增长	50	五级制量表打分，赋值小表示该指标所代表的事实存在的可能性小；反之，赋值大表示该指标所代表的事实存在的可能性大。最高分赋值50分，其余按比例缩小
		员工承诺度	0.25	员工对企业的感情承诺	40	五级制量表打分，赋值小表示该指标所代表的事实存在的可能性小；反之，赋值大表示该指标所代表的事实存在的可能性大。最高分赋值40分，其余按比例缩小
				员工对企业的继续承诺	30	五级制量表打分，赋值小表示该指标所代表的事实存在的可能性小；反之，赋值大表示该指标所代表的事实存在的可能性大。最高分赋值30分，其余按比例缩小
				员工对企业的规范承诺	30	五级制量表打分，赋值小表示该指标所代表的事实存在的可能性小；反之，赋值大表示该指标所代表的事实存在的可能性大。最高分赋值30分，其余按比例缩小

续表

一级指标	权重	二级指标	权重	三级指标	指标值	计分方法
非财务绩效	0.4	社会效益	0.25	创业多带动的就业数量	40	五级制量表打分，赋值小表示该指标所代表的事实存在的可能性小；反之，赋值大表示该指标所代表的事实存在的可能性大。最高分赋值40分，其余按比例缩小
				对氛围的影响	30	五级制量表打分，赋值小表示该指标所代表的事实存在的可能性小；反之，赋值大表示该指标所代表的事实存在的可能性大。最高分赋值30分，其余按比例缩小
				人才吸纳情况	30	五级制量表打分，赋值小表示该指标所代表的事实存在的可能性小；反之，赋值大表示该指标所代表的事实存在的可能性大。最高分赋值30分，其余按比例缩小

参考文献：

[1] 李蓉：《创业绩效的结构模型和效用评价研究》，硕士学位论文，浙江大学，2007年。

[2] 刘兰剑：《大学生创业政策评价体系研究》，《厦门理工学院学报》2011年第3期。

[3] 姚梅芳、郑雪冬等：《基于 Kaplan – Norton BSC 法的高科技网络及软件创业企业绩效评价体系研究》，《工业技术经济》2004年第12期。

[4] 卢丽琼：《温州大学生创业情况调查》，《教育与职业》2009年第22期。

附录一　创业指数统计分析方法概述

通过梳理"全球创业观察"项目对创业指数的统计分析方法，得到了十种方法，分别是：描述分析方法、参数估计方法、假设检验方法、相关分析方法、多元线性回归分析方法、逻辑斯蒂回归分析方法、综合评价方法、主成分分析方法、蒙特卡洛模拟方法、聚类分析方法。下面对这十种分析方法进行简介。

第一节　描述分析方法

一般而言，描述分析可以从两个大的方面进行测度和描述：一是数据分布的集中趋势，反映各个数据向其中心集中的程度；二是数据分布的离散程度，反映各个数据向其中心远离的趋势。

一　集中趋势测度

（一）算术平均数

如果收集的数据未经过整理分组，那么采用简单算术平均数，其计算公式为：

$$\bar{x} = \frac{x_1 + x_2 + \cdots + x_n}{n} \quad\cdots\cdots\cdots\cdots\cdots\cdots\cdots\cdots (1—1)$$

其中，$\bar{x}$ 表示算术平均数，$x_i(i = 1,2,\cdots,n)$ 表示各个数据，n 表示数据个数。

如果收集的数据已经整理分组，那么采用加权算术平均数，其计算公式为：

$$\bar{x} = \frac{x_1 f_1 + x_2 f_2 + \cdots + x_k f_k}{f_1 + f_2 + \cdots + f_k} \qquad \cdots\cdots\cdots\cdots\cdots\cdots\cdots (1\text{—}2)$$

其中，$\bar{x}$ 表示算术平均数，$x_i(i = 1,2,\cdots,k)$ 表示各个数据（或第 i 组的组中值），$f_i(i = 1,2,\cdots,k)$ 表示数据 x_i 的次数（或第 i 组的数据个数），k 表示分组个数。

（二）众数

众数是指所有数据中出现次数最多的那个数据。

（三）中位数

中位数是指将所有数据按大小顺序排列，处于最中间的那个数据。如果最中间有 2 个数据，则取其平均数作为中位数。

二 离散程度测度

（一）极差

极差是指所有数据中的最大值与最小值的差，其计算公式为：

$$R = \max_{1 \leqslant i \leqslant n}\{x_i\} - \min_{1 \leqslant i \leqslant n}\{x_i\} \qquad \cdots\cdots\cdots\cdots\cdots\cdots (1\text{—}3)$$

其中，R 表示极差，x_i（i = 1，2，$\cdots$，n）表示各个数据，n 表示数据个数。

（二）方差与标准差

如果是总体方差，其计算公式为：

$$\sigma^2 = \frac{1}{N} \sum_{i=1}^{N} (X_i - \bar{X}) \qquad \cdots\cdots\cdots\cdots\cdots\cdots (1\text{—}4)$$

其中，N 表示总体容量，$\bar{X}$ 表示总体平均数，X_i（i = 1，2，$\cdots$，N）表示各个数据。

如果是样本方差，其计算公式为：

$$s^2 = \frac{1}{n-1} \sum_{i=1}^{n} (x_i - \bar{x}) \qquad \cdots\cdots\cdots\cdots\cdots\cdots (1\text{—}5)$$

其中，n 表示样本容量，$\bar{x}$ 表示样本平均数，x_i（i = 1，2，…，n）表示各个数据。

方差的算术平方根称为标准差。总体标准差计算公式为：

$$\sigma = \sqrt{\sigma^2} \quad\cdots\cdots\cdots\cdots\cdots\cdots\cdots\cdots\cdots\cdots\cdots\cdots\cdots（1—6）$$

样本标准差计算公式为：

$$s = \sqrt{s^2} \quad\cdots\cdots\cdots\cdots\cdots\cdots\cdots\cdots\cdots\cdots\cdots\cdots\cdots\cdots（1—7）$$

（三）离散系数

离散系数的计算公式为：

$$v_s = \frac{s}{\bar{x}} \quad\cdots\cdots\cdots\cdots\cdots\cdots\cdots\cdots\cdots\cdots\cdots\cdots\cdots（1—8）$$

其中，v_s 表示离散系数，$\bar{x}$ 表示样本平均数，s 表示样本标准差。

离散系数主要用于比较不同样本数据的离散程度。离散系数越大，说明该样本的离散程度越大；反之，离散系数越小，说明该样本的离散程度越小。

第二节　参数估计方法

一　参数和参数估计的概念

所谓参数是指由总体所决定的数值，该数值能刻画总体某个方面的性质，是描述总体数量特征的指标，如总体均值和总体方差就是两个重要的参数。

参数估计是指通过从总体中抽出的样本，以它们为根据，对未知的参数进行估计。例如，调查某高校学生创业投入的资金数量，假定其服从正态分布 $N(\mu，\sigma^2)$，但总体的均值 μ 和方差 σ^2 是未知的，需要做出估计，这类问题就是参数估计。参数估计通常有两种方法：点估计和区间估计。

二　点估计

当总体的分布形式已知时，从该总体中抽取一个样本，对未知参数做一个数据点的估计就是点估计。常用的参数点估计有以下几种：

（1）用样本均值去估计总体均值：$\hat{\mu} = \bar{x}$。

（2）用样本标准差去估计总体标准差：$\hat{\sigma} = s$。

（3）用样本成数去估计总体成数：$\hat{P} = p$。

其中，$\hat{\mu}$、$\hat{\sigma}$、$\hat{P}$分别表示总体均值、总体标准差、总体成数的估计值，而$\bar{x}$、s、p分别表示样本均值、样本标准差、样本成数。

三　区间估计

区间估计就是在已知参数服从某种分布的条件下，在一定的可靠程度下，指出被估计的总体参数的可能范围。

设在总体分布中含有一个未知参数θ，若由样本确定的两个估计量$\hat{\theta}_1$与$\hat{\theta}_2$，使得$P(\hat{\theta}_1 < \theta < \hat{\theta}_2) = 1 - \alpha$，则区间$(\hat{\theta}_1, \hat{\theta}_2)$称为置信区间。其中，$\hat{\theta}_1$和$\hat{\theta}_2$分别称为置信区间的下限和上限；$\alpha$称为显著性水平，是事先给定的一个小的正数，一般设定为1%、5%或10%；$1 - \alpha$称为置信度。例如，某高校创业学生人数θ满足$P(200 < \theta < 300) = 1 - 5\%$，则显著性水平为5%，置信度为95%，置信区间为（200，300），说明该校创业学生人数在200—300人的可能性是95%。

（一）总体均值的区间估计

1. 当总体方差σ^2已知时

总体均值μ的双侧区间估计的置信区间为：

$$\left(\bar{x} - Z_{\alpha/2} \frac{\sigma}{\sqrt{n}}, \bar{x} + Z_{\alpha/2} \frac{\sigma}{\sqrt{n}} \right) \cdots\cdots\cdots\cdots\cdots\cdots \quad (2\!-\!1)$$

总体均值 μ 的单侧区间估计的置信区间为：

$$\left(\bar{x} - Z_{\alpha} \frac{\sigma}{\sqrt{n}}, +\infty \right) \text{ 或 } \left(-\infty, \bar{x} + Z_{\alpha} \frac{\sigma}{\sqrt{n}} \right) \cdots\cdots\cdots \quad (2\!-\!2)$$

其中，$\bar{x}$ 是样本均值，n 为样本容量，$Z_{\alpha/2}$ 和 Z_{α} 为临界值，可以通过查标准正态分布表或者通过计算机（如 Excel 软件）得到（下同）。附表 1—1 是正态分布下三个常用的显著性水平及其 Z 值。

附表 1—1　　正态分布下三个常用的显著性水平及其 Z 值

显著性水平 α	$Z_{\alpha/2}$ 值	Z_{α} 值
1%	2.58	2.33
5%	1.96	1.65
10%	1.65	1.28

以上是在重复抽样的情况下做出的区间估计。如果是不重复抽样，则需要乘以一个修正系数 $\sqrt{\dfrac{N-n}{N-1}}$（N 为总体容量），即，

总体均值 μ 的双侧区间估计的置信区间为：

$$\left(\bar{x} - Z_{\alpha/2} \frac{\sigma}{\sqrt{n}} \sqrt{\frac{N-n}{N-1}}, \bar{x} + Z_{\alpha/2} \frac{\sigma}{\sqrt{n}} \sqrt{\frac{N-n}{N-1}} \right) \cdots\cdots \quad (2\!-\!3)$$

总体均值 μ 的单侧区间估计的置信区间为：

$$\left(\bar{x} - Z_{\alpha} \frac{\sigma}{\sqrt{n}} \sqrt{\frac{N-n}{N-1}}, +\infty \right) \text{ 或}$$

$$\left(-\infty, \bar{x} + Z_{\alpha} \frac{\sigma}{\sqrt{n}} \sqrt{\frac{N-n}{N-1}} \right) \cdots\cdots\cdots\cdots\cdots\cdots \quad (2\!-\!4)$$

2. 当总体方差 σ^2 未知时

总体均值 μ 的双侧区间估计的置信区间为：

$$\left(\bar{x} - t_{\alpha/2}(n-1)\frac{s}{\sqrt{n}}, \bar{x} + t_{\alpha/2}(n-1)\frac{s}{\sqrt{n}} \right) \cdots\cdots\cdots\cdots (2\text{—}5)$$

总体均值 μ 的单侧区间估计的置信区间为：

$$\left(\bar{x} - t_{\alpha}(n-1)\frac{s}{\sqrt{n}}, +\infty \right) \text{ 或 } \left(-\infty, \bar{x} + t_{\alpha}(n-1)\frac{s}{\sqrt{n}} \right) \cdots\cdots$$

$$\cdots\cdots\cdots\cdots\cdots\cdots\cdots\cdots\cdots\cdots\cdots\cdots\cdots\cdots (2\text{—}6)$$

其中，$\bar{x}$ 是样本均值，s 是样本标准差，n 为样本容量，$t_{\alpha/2}(n-1)$，$t_{\alpha}(n-1)$ 为临界值。

（二）总体成数的区间估计

在重复抽样的情况下，总体成数 P 的双侧区间估计的置信区间为：

$$(p - Z_{\alpha/2}\mu_p, p + Z_{\alpha/2}\mu_p) \cdots\cdots\cdots\cdots\cdots\cdots\cdots\cdots (2\text{—}7)$$

在不重复抽样的情况下，总体成数 P 的双侧区间估计的置信区间为：

$$\left(p - Z_{\alpha/2}\mu_p\sqrt{\frac{N-n}{N-1}}, p + Z_{\alpha/2}\mu_p\sqrt{\frac{N-n}{N-1}} \right) \cdots\cdots\cdots (2\text{—}8)$$

其中，p 为样本成数，n 为样本容量（ $np \geqslant 5$ 且 $n(1-p) \geqslant 5$），N 为总体容量，$Z_{\alpha/2}$ 为临界值，μ_p 为样本成数的标准差，其计算公式为：

$$\mu_p = \sqrt{\frac{p(1-p)}{n}} \cdots\cdots\cdots\cdots\cdots\cdots\cdots\cdots (2\text{—}9)$$

（三）　总体方差的区间估计

在总体服从正态分布时，总体方差 σ^2 的置信区间为：

$$\left(\frac{(n-1)s^2}{\chi^2_{\alpha/2}(n-1)}, \frac{(n-1)s^2}{\chi^2_{1-\alpha/2}(n-1)} \right) \cdots\cdots\cdots\cdots\cdots\cdots (2\text{—}10)$$

其中，s^2 为样本方差，$\chi^2_{\alpha/2}(n-1)$ 和 $\chi^2_{1-\alpha/2}(n-1)$ 均为临

界值。

第三节　假设检验方法

一　假设检验的概念和步骤

假设检验是先对总体的某些数量特征提出假设，然后利用样本的信息对该假设正确与否做出判断。

（1）假设检验的步骤为：

原假设 H_0：$\mu = \mu_0$；备择假设 H_1：$\mu \neq \mu_0$。该检验称为双侧检验。

原假设 H_0：$\mu \geq \mu_0$；备择假设 H_1：$\mu < \mu_0$。该检验称为左侧检验。

原假设 H_0：$\mu \geq \mu_0$；备择假设 H_1：$\mu > \mu_0$。该检验称为右侧检验。

（2）确定适当的检验统计量，并根据样本信息进行计算。检验统计量的基本形式可表示如下：

$$检验统计量 = \frac{样本统计量 - 被假设参数值}{统计量的标准差}$$

（3）选择显著性水平，确定检验统计量的临界值。

（4）将检验统计量与临界值进行比较，做出判断。

二　单一总体的假设检验

（一）总体均值的假设检验

1. 总体方差已知的情形（工检验）

假设样本来自正态总体 $N(\mu, \sigma^2)$，方差 σ^2 已知，需要对总体均值 μ 进行假设检验。

第一步，提出原假设和备择假设。从下面三种原假设以及备择假设中选择其一进行检验：

（1）原假设 $H_0 : \mu = \mu_0$；备择假设 $H_1 : \mu \neq \mu_0$。

（2）原假设 $H_0 : \mu \geq \mu_0$；备择假设 $H_1 : \mu < \mu_0$。

（3）原假设 $H_0 : \mu \geq \mu_0$；备择假设 $H_1 : \mu > \mu_0$。

第二步，确定检验统计量为：

$$Z = \frac{\bar{x} - X_0}{\sigma / \sqrt{n}} \sim N(0,1) \quad \cdots\cdots\cdots\cdots\cdots\cdots\cdots\cdots\cdots\cdots \quad (3\text{—}1)$$

其中，$\bar{x}$ 为样本均值，X_0 为被检验参数，n 为样本容量。

第三步，给定显著性水平 α，确定临界值 $Z_{\alpha/2}$ 或 Z_α。

第四步，做出判断。检验问题（1）、（2）、（3）的准则分别为：

（1）当 $|Z| > Z_{\alpha/2}$ 时，拒绝原假设；当 $|Z| \leq Z_{\alpha/2}$ 时，接受原假设。

（2）当 $Z < -Z_\alpha$ 时，拒绝原假设；当 $Z \geq -Z_\alpha$ 时，接受原假设。

（3）当 $Z > Z_\alpha$ 时，拒绝原假设；当 $Z \leq Z_\alpha$ 时，接受原假设。

2. 总体方差未知的情形（t 检验）

假设样本来自正态总体 $N(\mu, \sigma^2)$，方差 σ^2 未知，需要对总体均值 μ 进行假设检验。

第一步，提出原假设和备择假设。从下面三种原假设以及备择假设中选择其一进行检验：

（1）原假设 $H_0 : \mu = \mu_0$；备择假设 $H_1 : \mu \neq \mu_0$。

（2）原假设 $H_0 : \mu \geq \mu_0$；备择假设 $H_1 : \mu < \mu_0$。

（3）原假设 $H_0 : \mu \leq \mu_0$；备择假设 $H_1 : \mu > \mu_0$。

第二步，确定检验统计量为：

$$t = \frac{\bar{x} - X_0}{s / \sqrt{n}} \sim t(n-1) \quad \cdots\cdots\cdots\cdots\cdots\cdots\cdots\cdots\cdots\cdots \quad (3\text{—}2)$$

其中，$\bar{x}$ 为样本均值，X_0 为被检验参数，n 为样本容量，s 为样本标准差。

第三步，给定显著性水平 α ，确定临界值 $t_{\alpha/2}(n-1)$ 或 $t_{\alpha}(n-1)$ 。

第四步，做出判断。检验问题 (1)、(2)、(3) 的准则分别为：

(1) 当 $|t| > t_{\alpha/2}(n-1)$ 时，拒绝原假设；当 $|t| \leqslant t_{\alpha/2}(n-1)$ 时，接受原假设。

(2) 当 $t < -t_{\alpha}(n-1)$ 时，拒绝原假设；当 $t \geqslant -t_{\alpha}(n-1)$ 时，接受原假设。

(3) 当 $t > t_{\alpha}(n-1)$ 时，拒绝原假设；当 $t \leqslant t_{\alpha/2}(n-1)$ 时，接受原假设。

（二）总体成数的假设检验

第一步，提出原假设和备择假设。从下面三种原假设以及备择假设中选择其一进行检验：

(1) 原假设 $H_0 : P = P_0$ ；备择假设 $H_1 : P \neq P_0$ 。

(2) 原假设 $H_0 : P \geqslant P_0$ ；备择假设 $H_1 : P < P_0$ 。

(3) 原假设 $H_0 : P \leqslant P_0$ ；备择假设 $H_1 : P > P_0$ 。

第二步，确定检验统计量为：

$$Z = \frac{p - P_0}{\sqrt{P_0(1 - P_0)/n}} \sim N(0,1) \quad \cdots\cdots\cdots\cdots\cdots\cdots\cdots \quad (3\text{—}3)$$

其中，p 表示样本成数，P_0 表示被假设的参数值，n 表示样本容量。

第三步，给定显著性水平 α ，可以确定临界值 $Z_{\alpha/2}$ 或 Z_{α} 。

第四步，做出判断。检验问题 (1)、(2)、(3) 的准则分别为：

(1) 当 $|Z| > Z_{\alpha/2}$ 时，拒绝原假设；当 $|Z| \leqslant Z_{\alpha/2}$ 时，接受原假设。

(2) 当 $Z < -Z_{\alpha}$ 时，拒绝原假设；当 $Z \geqslant -Z_{\alpha}$ 时，接受原

假设。

（3）当 $Z > Z_\alpha$ 时，拒绝原假设；当 $Z \leqslant Z_\alpha$ 时，接受原假设。

（三）总体方差的假设检验

假设总体服从正态分布 $N(\mu, \sigma^2)$，需要对总体方差 σ^2 进行假设检验。

第一步，提出原假设和备择假设。从下面三种原假设以及备择假设中选择其一进行检验：

（1）原假设 $H_0: \sigma^2 = \sigma_0^2$；备择假设 $H_1: \sigma^2 \neq \sigma_0^2$。

（2）原假设 $H_0: \sigma^2 \geqslant \sigma_0^2$；备择假设 $H_1: \sigma^2 < \sigma_0^2$。

（3）原假设 $H_0: \sigma^2 \leqslant \sigma_0^2$；备择假设 $H_1: \sigma^2 > \sigma_0^2$。

第二步，确定检验统计量为：

$$\chi^2 = \frac{(n-1)s^2}{\sigma_0^2} \sim \chi^2(n-1) \quad \cdots\cdots\cdots\cdots\cdots\cdots\cdots\cdots\cdots\cdots (3\text{—}4)$$

其中，s^2 表示样本方差，σ_0^2 表示被假设的参数值，n 表示样本容量，统计量服从自由度为 $(n-1)$ 的 χ^2 分布。

第三步，给定显著性水平 α，确定临界值 $\chi_{\alpha/2}^2(n-1)$，或 $\chi_{1-\alpha/2}^2(n-1)$，或 $\chi_\alpha^2(n-1)$，或 $\chi_{1-\alpha}^2(n-1)$。

第四步，做出判断。检验问题（1）、（2）、（3）的准则分别为：

（1）当 $\chi^2 < \chi_{1-\alpha/2}^2(n-1)$ 或 $\chi^2 > \chi_{\alpha/2}^2(n-1)$ 时，拒绝原假设；当 $\chi_{1-\alpha/2}^2(n-1) \leqslant \chi^2 \leqslant \chi_{\alpha/2}^2(n-1)$ 时，接受原假设。

（2）当 $\chi^2 < \chi_{1-\alpha}^2(n-1)$ 时，拒绝原假设；当 $\chi^2 \geqslant \chi_{1-\alpha}^2(n-1)$ 时，接受原假设。

（3）当 $\chi^2 > \chi_\alpha^2(n-1)$ 时，拒绝原假设；当 $\chi^2 \leqslant \chi_\alpha^2(n-1)$ 时，接受原假设。

三 两个总体的假设检验

(一) 两个总体均值之差的假设检验

1. 当 σ_1^2, σ_2^2 已知时

第一步,提出原假设和备择假设。从下面三种原假设以及备择假设中选择其一进行检验:

(1) 原假设 $H_0 : \mu_1 - \mu_2 = 0$;备择假设 $H_1 : \mu_1 - \mu_2 \neq 0$。

(2) 原假设 $H_0 : \mu_1 - \mu_2 \geq 0$;备择假设 $H_1 : \mu_1 - \mu_2 < 0$。

(3) 原假设 $H_0 : \mu_1 - \mu_2 \leq 0$;备择假设 $H_1 : \mu_1 - \mu_2 > 0$。

第二步,确定检验统计量为:

$$Z = \frac{(\bar{x}_1 - \bar{x}_2) - (\mu_1 - \mu_2)}{\sqrt{\dfrac{\sigma_1^2}{n_1} - \dfrac{\sigma_2^2}{n_2}}} \sim N(0,1) \quad \cdots\cdots\cdots\cdots (3\text{—}5)$$

其中,$\bar{x}_1, \bar{x}_2$ 分别为来自两个总体的样本的均值,n_1, n_2 分别为两个样本的容量,σ_1^2, σ_2^2 分别为两个总体的方差,μ_1, μ_2 均为被检验参数。

第三步,给定显著性水平 α,确定临界值 $Z_{\alpha/2}$ 或 Z_α。

第四步,做出判断。检验问题 (1)、(2)、(3) 的准则分别为:

(1) 当 $|Z| > Z_{\alpha/2}$ 时,拒绝原假设;当 $|Z| \leq Z_{\alpha/2}$ 时,接受原假设。

(2) 当 $Z < -Z_\alpha$ 时,拒绝原假设;当 $Z \geq -Z_\alpha$ 时,接受原假设。

(3) 当 $Z > Z_\alpha$ 时,拒绝原假设;当 $Z \leq Z_\alpha$ 时,接受原假设。

2. 当 σ_1^2, σ_2^2 未知 (但 $\sigma_1^2 = \sigma_2^2$) 且 n 较小时

第一步,提出原假设和备择假设。从下面三种原假设以及备择假设中选择其一进行检验:

（1）原假设 H_0：$\mu_1 - \mu_2 = 0$；备择假设 H_1：$\mu_1 - \mu_2 \neq 0$。

（2）原假设 H_0：$\mu_1 - \mu_2 \geq 0$；备择假设 H_1：$\mu_1 - \mu_2 < 0$。

（3）原假设 H_0：$\mu_1 - \mu_2 \leq 0$；备择假设 H_1：$\mu_1 - \mu_2 > 0$。

第二步，确定检验统计量为：

$$t = \frac{(\bar{x}_1 - \bar{x}_2) - (\mu_1 - \mu_2)}{\sqrt{\dfrac{(n_1 - 1)s_1^2 + (n_2 - 1)s_2^2}{n_1 + n_2 - 2}}\sqrt{\dfrac{1}{n_1} + \dfrac{1}{n_2}}} \sim t(n_1 + n_2 - 2)$$

$$\cdots\cdots\cdots\cdots\cdots\cdots\cdots\cdots\cdots\cdots\cdots\cdots\cdots \quad (3\text{—}6)$$

其中，$\bar{x}_1$，$\bar{x}_2$ 分别为来自两个总体的样本均值，n_1，n_2 分别为两个样本的容量，s_1^2，s_2^2 分别为来自两个总体的样本方差，μ_1，μ_2 均为被检验参数。

第三步，给定显著性水平 α，确定临界值 $t_{\alpha/2}(n_1 + n_2 - 2)$ 或 $t_\alpha(n_1 + n_2 - 2)$；

第四步，做出判断。检验问题（1）、（2）、（3）的准则分别为：

（1）当 $|t| > t_{\alpha/2}(n_1 + n_2 - 2)$ 时，拒绝原假设；当 $|t| \leq t_{\alpha/2}(n_1 + n_2 - 2)$ 时，接受原假设。

（2）当 $t < -t_\alpha(n_1 + n_2 - 2)$ 时，拒绝原假设；当 $t \geq -t_\alpha(n_1 + n_2 - 2)$ 时，接受原假设。

（3）当 $t > t_\alpha(n_1 + n_2 - 2)$ 时，拒绝原假设；当 $t \leq t_\alpha(n_1 + n_2 - 2)$ 时，接受原假设。

（二）两个总体成数之差的假设检验

第一步，提出原假设和备择假设。从下面三种原假设以及备择假设中选择其一进行检验：

（1）原假设 H_0：$P_1 - P_2 = 0$；备择假设 H_1：$P_1 - P_2 \neq 0$。

（2）原假设 H_0：$P_1 - P_2 > 0$；备择假设 H_1：$P_1 - P_2 \leq 0$。

（3）原假设 H_0：$P_1 - P_2 < 0$；备择假设 H_1：$P_1 - P_2 \geq 0$。

第二步，确定检验统计量为：

$$Z = \frac{(p_1 - p_2) - (P_1 - P_2)}{\sqrt{\dfrac{P_1(1 - P_1)}{n_1} + \dfrac{P_2(1 - P_2)}{n_2}}} \sim N(0,1) \cdots\cdots\cdots (3\text{—}7)$$

其中，p_1, p_2 分别表示来自两个总体的两个样本的成数，P_1，P_2 为被检验的参数值，n_1, n_2 分别表示两个样本的容量，Z 统计量服从标准正态分布。

第三步，给定显著性水平 α，确定临界值 $Z_{\alpha/2}$ 或 Z_α。

第四步，做出判断。检验问题（1）、（2）、（3）的准则分别为：

（1）当 $|Z| > Z_{\alpha/2}$ 时，拒绝原假设；当 $|Z| \leqslant Z_{\alpha/2}$ 时，接受原假设。

（2）当 $Z < -Z_\alpha$ 时，拒绝原假设；当 $Z \geqslant -Z_\alpha$ 时，接受原假设。

（3）当 $Z > Z_\alpha$ 时，拒绝原假设；当 $Z \leqslant Z_\alpha$ 时，接受原假设。

特别地，当 $P_1 = P_2 = P$ 时，$P = \dfrac{n_1 p_1 + n_2 p_2}{n_1 + n_2}$，确定检验统计量为：

$$Z = \frac{p_1 - p_2}{\sqrt{\dfrac{P(1 - P)}{n_1} + \dfrac{P(1 - P)}{n_2}}} \sim N(0,1) \cdots\cdots\cdots\cdots (3\text{—}8)$$

（三）两个总体方差之比的假设检验

如果需要检验两个总体方差是否相等，那么可以通过检验两个方差之比是否等于 1 来进行。

第一步，提出原假设和备择假设。从下面三种原假设以及备择假设中选择其一进行检验：

（1）原假设 H_0：$\sigma_1^2 = \sigma_2^2$；备择假设 H_1：$\sigma_1^2 \neq \sigma_2^2$。

（2）原假设 H_0：$\sigma_1^2 \geqslant \sigma_2^2$；备择假设 H_1：$\sigma_1^2 < \sigma_2^2$。

（3）原假设 $H_0 : \sigma_1^2 \leqslant \sigma_2^2$ ；备择假设 $H_1 : \sigma_1^2 > \sigma_2^2$ 。

第二步，确定检验统计量为：

$$F = \frac{\dfrac{s_1^2}{\sigma_1^2}}{\dfrac{s_2^2}{\sigma_2^2}} \sim F(n_1 - 1, n_2 - 1) \quad \cdots\cdots\cdots\cdots\cdots\cdots\cdots \quad (3\text{—}9)$$

其中，s_1^2, s_2^2 分别表示来自两个总体的两个样本的方差，σ_1^2, σ_2^2 分别表示被假设的参数值，n_1, n_2 分别表示两个样本的容量，统计量服从第一自由度为 $(n_1 - 1)$、第二自由度为 $(n_2 - 1)$ 的 F 分布。

第三步，给定显著性水平 α ，确定临界值 $F_{\alpha/2}(n_1 - 1, n_2 - 1)$ ，或 $F_{1-\alpha/2}(n_1 - 1, n_2 - 1)$ ，或 $F_{\alpha}(n_1 - 1, n_2 - 1)$ ，或 $F_{1-\alpha}(n_1 - 1, n_2 - 1)$ 。

第四步，做出判断。检验问题（1）、（2）、（3）的准则分别为：

（1）当 $F > F_{\alpha/2}(n_1 - 1, n_2 - 1)$ 或 $F < F_{1-\alpha/2}(n_1 - 1, n_2 - 1)$ 时，拒绝原假设；当 $F_{1-\alpha/2}(n_1 - 1, n_2 - 1) \leqslant F \leqslant F_{\alpha/2}(n_1 - 1, n_2 - 1)$ 时，接受原假设。

（2）当 $F < F_{1-\alpha}(n_1 - 1, n_2 - 1)$ 时，拒绝原假设；当 $F \geqslant F_{1-\alpha}(n_1 - 1, n_2 - 1)$ 时，接受原假设。

（3）当 $F > F_{\alpha}(n_1 - 1, n_2 - 1)$ 时，拒绝原假设；当 $F \leqslant F_{\alpha}(n_1 - 1, n_2 - 1)$ 时，接受原假设。

第四节　相关分析方法

相关分析是研究两个或两个以上变量间的线性相关方向和线性相关程度的统计分析方法。相关系数是度量两个或两个以上变量间的相关方向和强度的测度。常用的相关系数为皮尔逊（pearson）相关系数。

设 (x_i, y_i) 是 n 组样本观测值，$i = 1, 2, \cdots, n$，r 为变量 x 与变量 y 的相关系数，其计算公式为

$$r = \frac{\sum_{i=1}^{n} (x_i - \bar{x})(y_i - \bar{y})}{\sqrt{\sum_{i=1}^{n} (x_i - \bar{x})^2 \sum_{i=1}^{n} (y_i - \bar{y})^2}} \quad \cdots\cdots\cdots\cdots\cdots \quad (4\text{—}1)$$

其中，$\bar{x} = \frac{1}{n} \sum_{i=1}^{n} x_i$，$\bar{y} = \frac{1}{n} \sum_{i=1}^{n} y_i$。

相关系数的取值范围为 $-1 \leqslant r \leqslant 1$。当 $r > 0$ 时，表明 x 与 y 的数值变化是同方向的，即为正相关；当 $r < 0$ 时，表明变量 x 与变量 y 的数值变化是反方向的，即为负相关。

相关系数 $|r|$ 越接近于 1，表示变量 x 与变量 y 的相关程度越强；反之，相关系数 $|r|$ 越接近于 0，表示变量 x 与变量 y 的相关程度越弱。判断变量之间的相关程度的标准为：

(1) 若 $|r| = 0$，称为不相关；

(2) 若 $0 < |r| < 0.3$，称为微弱相关；

(3) 若 $0.3 \leqslant |r| < 0.5$，称为低度相关；

(4) 若 $0.5 \leqslant |r| < 0.8$，称为显著相关；

(5) 若 $0.8 \leqslant |r| < 1$，称为高度相关；

(6) 若 $|r| = 1$，称为完全相关。

皮尔逊相关系数的适用范围：它只适用于两个变量具有线性相关关系的情形。若两个变量具有非线性相关关系，则皮尔逊相关系数不再适用。

第五节　多元线性回归分析方法

一　一般形式

多元线性回归模型的一般形式为：

$$y = \beta_0 + \beta_1 x_1 + \beta_2 x_2 + \cdots + \beta_k x_k + \varepsilon \cdots\cdots\cdots\cdots\cdots (5\!-\!1)$$

其中，y 是可观测的随机变量；$x_j (j = 1, 2, \cdots, k)$ 为回归变量，可以是随机变量，也可以是确定性变量；β_0, β_j 是回归系数；ε 为随机误差，是不可观测的随机变量。假定：$E(\varepsilon) = 0, D(\varepsilon) = \sigma^2$，即 $\varepsilon \sim N(0, \sigma^2)$，而且相互独立。

给定 n 组观测值 (x_{ij}, y_i) ($i = 1, 2, \cdots, n; j = 1, 2, \cdots, k$)，并假定 y_i 是相互独立的，则有：

$$y_i = \beta_0 + \beta_1 x_{i1} + \beta_2 x_{i2} + \cdots + \beta_k x_{ik} + \varepsilon_i$$

写成矩阵形式为：

$$Y = X\beta + \varepsilon \cdots\cdots\cdots\cdots\cdots\cdots\cdots\cdots\cdots\cdots\cdots\cdots\cdots (5\!-\!2)$$

其中，

$$Y = \begin{pmatrix} y_1 \\ y_2 \\ \cdots \\ y_n \end{pmatrix}, X = \begin{pmatrix} 1 & x_{11} & x_{12} & \cdots & x_{1k} \\ 1 & x_{21} & x_{22} & \cdots & x_{2k} \\ \cdots & \cdots & \cdots & \cdots & \cdots \\ 1 & x_{n1} & x_{n2} & \cdots & x_{nk} \end{pmatrix}, \beta = \begin{pmatrix} \beta_0 \\ \beta_1 \\ \cdots \\ \beta_k \end{pmatrix},$$

$$\varepsilon = \begin{pmatrix} \varepsilon_1 \\ \varepsilon_2 \\ \cdots \\ \varepsilon_n \end{pmatrix}$$

如果用 $\hat{\beta}_0, \hat{\beta}_j$ 分别表示 β_0, β_j 的估计值，则称

$$\hat{y} = \hat{\beta}_0 + \hat{\beta}_1 x_1 + \hat{\beta}_2 x_2 + \ldots + \hat{\beta}_k x_k \cdots\cdots\cdots\cdots\cdots (5\!-\!3)$$

为 y 关于 x 的回归方程。

二 参数 $\hat{\beta}_0, \hat{\beta}_j$ 的最小二乘估计

$\hat{\beta}_0, \hat{\beta}_j$ 的最小二乘估计的矩阵形式为：

$$\hat{\beta} = (X'X)^{-1} X'Y \cdots\cdots\cdots\cdots\cdots\cdots\cdots\cdots\cdots\cdots\cdots (5\!-\!4)$$

三　多元线性回归方程的统计检验

令 $SST = \sum_{i=1}^{n} (y_i - \bar{y})^2$，称为总离差平方和；令 $SSR = \sum_{i=1}^{n}$

$(y_i - \hat{y})^2$，称为残差平方和；令 $SSE = \sum_{i=1}^{n} (\hat{y}_i - \bar{y})^2$，称为回归平方和。

总离差平方和可以分解为残差平方和与回归平方和两个部分，即：

$SST = SSR + SSE$

（一）拟合优度检验

使用判决系数 R^2 来检验回归方程的拟合效果。判决系数 R^2 的定义为：

$$R^2 = \frac{SSE}{SST} \quad\cdots\cdots\cdots\cdots\cdots\cdots\cdots\cdots\cdots\cdots\cdots (5\text{—}5)$$

判决系数 $0 \leqslant R^2 \leqslant 1$。若 $R^2 = 1$，表明全部样本观测值均在估计的回归直线上，观测值 y_i 与回归估计值 $\hat{y}_i$ 完全拟合；若 $R^2 = 0$，表明完全不能拟合，回归方程完全不能解释观测值 y_i 的变动。R^2 越接近于 1，拟合程度越好，反之越差。

使用判决系数 R^2 来检验回归方程的拟合效果会出现一个问题，就是判决系数 R^2 与自变量的数目 k 有关。当 k 增大时，R^2 也会增大。显然这样用 R^2 来检验回归方程与样本值的拟合优度是不合适的。因此必须对 R^2 进行调整。修正的判决系数记作 $\bar{R}^2$，其计算公式为：

$$\bar{R}^2 = 1 - \frac{n-1}{n-k-1}(1 - R^2) \quad\cdots\cdots\cdots\cdots\cdots\cdots (5\text{—}6)$$

（二）估计的标准误差

估计的标准误差就是用来衡量回归方程推算结果的准确程度

的统计分析指标,或者说是回归方程代表性大小的统计分析指标。设估计的标准误差为 S_y ,其计算公式为:

$$S_y = \sqrt{\frac{SSR}{n-k-1}} \quad \cdots\cdots\cdots\cdots\cdots\cdots\cdots\cdots\cdots\cdots \quad (5\text{—}7)$$

称 $S_y^2 = \dfrac{SSR}{n-k-1}$ 为剩余方差。

估计的标准误差 S_y 是对残差项 ε 的标准差 σ 的估计。S_y 越小,说明所有的观测值距离回归直线越近,即关系越密切。反之,S_y 越大,说明所有的观测值距离回归直线越远,即关系越不密切。这个指标从另一个角度反映了回归直线的拟合优度。

(三)回归系数的显著性检验

使用 t 检验来检验回归系数 $\hat{\beta}_0, \hat{\beta}_j$ 的显著性。检验统计量为:

$$t = \frac{\hat{\beta}_j}{S_{\hat{\beta}_j}} \sim t(n-k-1) \quad \cdots\cdots\cdots\cdots\cdots\cdots\cdots\cdots\cdots \quad (5\text{—}8)$$

其中,$j = 0, 1, \cdots, k$,$S_{\hat{\beta}_j}$ 是回归系数 $\hat{\beta}_j$ 的标准差,$S_{\hat{\beta}_j} = S_y \sqrt{c_{jj}}$,$C = (c_{st})_{(k+1)\times(k+1)} = (X'X)^{-1}$ 。给定显著性水平 α (一般取 0.01 或 0.05),查 t 分布表,得到自由度为 $(n-k-1)$ 的临界值 $t_{\alpha/2}(n-k-1)$ 。如果 $|t| > t_{\alpha/2}(n-k-1)$,则回归系数 $\hat{\beta}_j$ 显著,说明变量 y 与变量 $x_j(x_0 \equiv 1)$ 之间存在线性关系;如果 $|t| \leqslant t_{\alpha/2}(n-k-1)$,则回归系数 $\hat{\beta}_j$ 不显著,说明变量 y 与变量 x_j 之间不存在线性关系。

(四)回归总体线性的显著性检验

使用 F 检验来检验回归总体线性关系的显著性。检验统计量为:

$$F = \frac{SSE/k}{SSR/(n-k-1)} \sim F(k, n-k-1) \quad \cdots\cdots\cdots \quad (5\text{—}9)$$

给定显著性水平 α，查 F 分布表，得到临界值 $F_\alpha(k, n-k-1)$。如果 $F > F_\alpha(k, n-k-1)$，则回归方程显著；反之，若 $F \leqslant F_\alpha(k, n-k-1)$，则表明回归总体不存在线性关系。

将 F 检验的有关指标汇总在一张表格中，构成了方差分析表，见附表 1—2。

附表 1—2　　　　　　　　　　方差分析表

变差来源	平方和	自由度	方差	F 值	相伴概率
回归	SSE	k	SSE/k	$\dfrac{SSE/k}{SSR/(n-k-1)}$	p
残差	SSR	$n-k-1$	$SSR/(n-k-1)$		
总离差	SST	$n-1$			

四　多元线性回归方程的应用

将 $x = x^* = (x_1^*, x_2^*, \cdots, x_k^*)$ 代入回归方程，得到 $\hat{y}^* = \hat{\beta}_0 + \hat{\beta}_1 x_1^* + \hat{\beta}_2 x_2^* + \cdots + \hat{\beta}_k x_k^*$，称 $\hat{y}^*$ 为 y^* 的预测值。

预测值 $\hat{y}^*$ 的标准差为：

$$\Delta = S_y \sqrt{1 + \sum_{i=0}^{k} \sum_{j=0}^{k} c_{ij} x_i^* x_j^*} \quad \cdots\cdots\cdots\cdots\cdots\cdots\cdots \text{(5—10)}$$

其中 $x_0^* = 1$。

给定显著性水平 α，通过查 t 分布表，得到临界值 $t_{\alpha/2}(n-k-1)$，则实际值 y^* 的置信区间为：

$$[\hat{y}^* - t_{\alpha/2}(n-k-1)\Delta, \hat{y}^* + t_{\alpha/2}(n-k-1)\Delta] \quad \cdots\cdots \text{(5—11)}$$

第六节　逻辑斯蒂回归分析方法

逻辑斯蒂（Logistic）回归分析是对定性变量的回归分析。

在实际问题中，经常会出现因变量是定性变量的情况。例如，某大学生是否创业，受到多种因素的影响，但最终的可能性只有两个，要么创业，要么不创业。这需要使用逻辑斯蒂回归分析方法进行分析。

一　逻辑斯蒂回归模型

设 y 是 0 - 1 型变量，$x_j(j = 1,2,\cdots,k)$ 是与 y 相关的确定性变量，可以是定量变量，也可以是定性变量，p 表示 $y = 1$ 时的概率，即 $P(y = 1) = p$。则逻辑斯蒂回归模型为：

$$\ln \frac{p}{1 - p} = \beta_0 + \beta_1 x_1 + \beta_2 x_2 + \cdots + \beta_k x_k \quad \cdots\cdots\cdots\cdots (6—1)$$

其中，$\beta_0, \beta_1, \ldots, \beta_k$ 称为回归系数；$\dfrac{p}{1 - p}$ 称为发生比，是事件发生的概率与不发生的概率之比；$\ln \dfrac{p}{1 - p}$ 称为对数发生比。

将 (6 - 1) 等价转化为：

$$p = \frac{1}{1 + e^{-(\beta_0 + \beta_1 x_1 + \beta_2 x_2 + \ldots + \beta_k x_k)}} \quad \cdots\cdots\cdots\cdots\cdots\cdots (6—2)$$

由于 $p(x) = \dfrac{1}{1 + e^{-x}}$ 是逻辑斯蒂函数（其图像被称为 S 型曲线），所以将 (6—1) 式称为逻辑斯蒂回归模型。

二　参数估计

设有 n 组观测数据为 (x_{ij}, y_i)，$x_{ij} = (x_{i1}, x_{i2}, \cdots, x_{ik})$，$i = 1, 2, \cdots, n, j = 1, 2, \cdots, k$。

$y_1, y_2, \cdots, y_n$ 的似然函数为：

$$L = \prod_{i=1}^{n} P(y_i) = \prod_{i=1}^{n} p_i^{y_i} [1 - p_i]^{1 - y_i} \quad \cdots\cdots\cdots\cdots (6—3)$$

$y_1, y_2, \cdots, y_n$ 的对数似然函数为：

$$\ln L =$$

$$\sum_{i=1}^{n} [\, y_i (\beta_0 + \beta_1 x_{i1} + \beta_2 x_{i2} + \ldots + \beta_k x_{ik}) - \ln(1 + e^{\beta_0 + \beta_1 x_{i1} + \beta_2 x_{i2} + \ldots + \beta_k x_{ik}}) \,]$$

$$\cdots\cdots\cdots\cdots\cdots\cdots\cdots\cdots\cdots\cdots\cdots\cdots\cdots\cdots\cdots\cdots\cdots\cdots \quad (6\text{—}4)$$

通过解优化问题 max　$\ln L$ $\cdots\cdots\cdots\cdots\cdots\cdots\cdots\cdots\cdots$ （6—5）

就可以得到 $\beta_0, \beta_1, \cdots, \beta_k$ 的估计值 $\hat{\beta}_0, \hat{\beta}_1, \cdots, \hat{\beta}_k$。

三　虚拟变量

当某自变量是定性变量时，该自变量不能直接进入回归模型参与回归分析，必须将其进行转换。例如，性别是个定性变量，划分为两个类（男和女），如果将"女"设置为参照类，那么"男"就是关注类。引入 1 个 0—1 型的虚拟变量 x_1，并令 $x_1 = 0$ 表示女，则 $x_1 = 1$ 就表示男。再如，收入是个定性变量，划分为三个类（低收入、中收入、高收入）。如果将"低收入"设置为参照类，那么"中收入"、"高收入"就是关注类。引入 2 个 0—1 型的虚拟变量 x_1, x_2，并令 $x_1 = x_2 = 0$ 表示低收入，则 $x_1 = 1$ 就表示中收入，$x_2 = 1$ 就表示高收入。以此类推，设某个定性自变量 x_j 划分为 n 个类，将其中的某一类设置为参照类，就产生了 $n - 1$ 个 0—1 型的虚拟变量。在回归分析时，原定性变量并没有参与回归分析，而是 $n - 1$ 个虚拟变量参与了回归分析。

四　回归系数的含义

分两种情况进行讨论。

（1）当 x_j 是定量变量时。由（6—1）式得，发生比为：

$$\Omega = \frac{p}{1 - p} = e^{\beta_0 + \beta_1 x_1 + \beta_2 x_2 + \ldots + \beta_j x_j + \ldots + \beta_k x_k}$$

如果其他自变量不变而只有自变量 x_j 增加 1 个单位时，那么新的发生比为：

$$\Omega^* = e^{\beta_0+\beta_1 x_1+\beta_2 x_2+\cdots+\beta_j x_j+\cdots+\beta_k x_k}$$

于是有：

$$\frac{\Omega^*}{\Omega} = e^{\beta_j}$$

由此可知，当自变量 x_j 增加 1 个单位时，将引起发生比变化 e^{β_j} 倍。具体来说，如果 $\beta_j > 0$，则发生比扩大到原来的 e^{β_j} 倍；如果 $\beta_j < 0$，则发生比缩小到原来的 e^{β_j} 倍。

（2）当 x_j 是定性变量时。在其他自变量不变的情况下，如果 $x_j = 0$，则参照类的发生比为：

$$\Omega = e^{\beta_0+\beta_1 x_1+\beta_2 x_2+\cdots+\beta_j\times 0+\cdots+\beta_k x_k}$$

如果 $x_j = 1$，则关注类的发生比为：

$$\Omega^* = e^{\beta_0+\beta_1 x_1+\beta_2 x_2+\cdots+\beta_j\times 1+\cdots+\beta_k x_k}$$

于是有：

$$\frac{\Omega^*}{\Omega} = e^{\beta_j}$$

由此可知，e^{β_j} 的意义是，当其他自变量不变时，关注类的发生比是参照类的发生比的 e^{β_j} 倍。

另外，还可以画出（x_j, p）的图形加以解释。

五　统计检验

（一）回归系数的显著性检验

检验统计量是 Wald 统计量，其数学定义为：

$$Wald_j = \left(\frac{\hat{\beta}_j}{S_{\hat{\beta}_j}}\right)^2 \sim \chi^2(1) \quad\cdots\cdots\cdots\cdots\cdots\cdots\cdots \text{（6—6）}$$

其中，$j = 0,1,2,\cdots,k$，β_j 是回归系数，$S_{\hat{\beta}_j}$ 是回归系数的标准误差。

给定显著性水平 α，当相伴概率 $p < \alpha$ 时，拒绝原假设，认

为自变量 x_j 与 $\ln \dfrac{p}{1-p}$ 的线性关系显著，应该保留在方程中；否则，当相伴概率 $p > \alpha$ 时，接受原假设，认为自变量 x_j 与 $\ln \dfrac{p}{1-p}$ 的线性关系不显著，不应保留在方程中。

如果要比较每个自变量在回归方程中的重要性，可以直接比较 Wald 统计量的大小（或相伴概率）。如果统计量 $Wald_j$ 较大（或相伴概率较小），那么对应的自变量 x_j 就较重要；反之，如果统计量 $Wald_j$ 较小（或相伴概率较大），那么对应的自变量 x_j 就较不重要。

（二）回归方程的显著性检验

回归方程的显著性检验的目的是检验自变量全体与 $\ln \dfrac{p}{1-p}$ 的线性关系是否显著，是否可以用线性模型拟合。其原假设是 $H_0: \hat{\beta}_0 = \hat{\beta}_1 = \cdots = \hat{\beta}_k = 0$。检验统计量为：

$$-2\ln \frac{L(0)}{L} \sim \chi^2(k) \quad\cdots\cdots\cdots\cdots\cdots\cdots\cdots\cdots \quad (6\!-\!7)$$

其中，$L(0)$ 为模型中只包含常数项时的似然函数值；L 为当前模型的似然函数值；n 为样本量。称 $\dfrac{L(0)}{L}$ 为似然比，称 $-2\ln \dfrac{L(0)}{L}$ 为似然比卡方。

给定显著性水平 α，如果 $-2\ln \dfrac{L(0)}{L}$ 的相伴概率 $p < \alpha$，则拒绝原假设，认为目前方程中的所有回归系数不同时为 0，自变量全体与 $\ln \dfrac{p}{1-p}$ 的线性关系显著；反之，如果相伴概率 $p > \alpha$，则接受原假设，认为目前方程中的所有回归系数同时为 0，自变量全体与 $\ln \dfrac{p}{1-p}$ 的线性关系不显著。

（三）回归方程的拟合优度检验

1. Cox & Snell R^2

Cox & Snell R^2 统计量为：

$$R_{CS}^2 = 1 - \left[\frac{L(0)}{L}\right]^{\frac{2}{n}} \quad \cdots\cdots\cdots\cdots\cdots\cdots\cdots \text{(6—8)}$$

一般情况下 $R_{CS}^2 < 1$。R_{CS}^2 越大，拟合程度越好；R_{CS}^2 越小，拟合程度越差。

2. Nagelkerke R^2

Nagelkerke R^2 统计量为：

$$R_N^2 = \frac{R_{CS}^2}{1 - [L(0)]^{\frac{2}{n}}} \quad \cdots\cdots\cdots\cdots\cdots\cdots\cdots \text{(6—9)}$$

$R_N^2 \in [0,1]$，R_N^2 越接近于 1，说明方程的拟合优度越高；R_N^2 越接近于 0，说明方程的拟合优度越低。R_N^2 反映了由回归方程解释的因变量变异的百分比。

3. 错判矩阵

在实际问题中，通常采用错判矩阵（正确分类表）来反映拟合效果，见附表1—3。

附表1—3　　　　　　　　　　对因变量的分类表

		预测值		
		0	1	正确率
观测值	0	n_{00}	n_{01}	$\dfrac{n_{00}}{n_{00} + n_{01}}$
	1	n_{10}	n_{11}	$\dfrac{n_{11}}{n_{10} + n_{11}}$
	总体正确率			$\dfrac{n_{00} + n_{11}}{n}$

其中，n_{ij}（$i = 0, 1$；$j = 0, 1$）表示样本中因变量的观测值为 i，而预测值为 j 的样本数。通过总体正确率就可以评价模型

的好坏，总体正确率越高意味着模型越好。

4. Hosmer – Lemeshow 统计量

当自变量较多且大多是定距型变量时，常使用 Hosmer – Lemeshow 统计量。该统计量的设计思想是：通过模型可以计算出自变量 x 取一定值下的因变量 $y = 1$ 的概率预测值 $\hat{p}$。当然希望 $y = 1$ 时的概率预测值 $\hat{p}$ 越大越好，$y = 0$ 时的概率预测值 $\hat{p}$ 越小越好。于是根据概率预测值 $\hat{p}$ 的大小将所有样品分为 m 组（通常为 10 组或近似 10 组），并生成一个交叉列联表，见附表 1—4。

附表 1—4   交叉列联表

组别	因变量的观测值				合计 T
	0		1		
	观测值 O	期望值 E	观测值 O	期望值 E	
1					
2					
3					
...					
合计					

根据附表 1—4 可以计算 Hosmer – Lemeshow 统计量，其数学定义为：

$$\chi^2_{HL} = \sum_{i=1}^{m} \frac{(O_{1i} - E_{1i})^2}{E_{1i}(1 - \hat{p}_i)} \sim \chi^2(m - 2) \quad \cdots\cdots\cdots\cdots\cdots \quad (6—10)$$

其中，m 为所分的组数，O_{1i} 表示在第 i 组中事件 $y = 1$ 发生的实际观测频数，E_{1i} 表示在第 i 组中事件 $y = 1$ 发生的期望频数，T_i 表示第 i 组的样品数，$\hat{p}_i$ 表示在第 i 组中事件 $y = 1$ 发生的期望频率，即 $\hat{p}_i = \dfrac{E_{1i}}{T_i}$。

给定显著性水平 α，当相伴概率 $p < \alpha$ 时，拒绝原假设 $H_0：O_{1i} = E_{1i}$，认为各组的划分与因变量的实际取值相关，意味着模型的拟合优度较高；反之，当相伴概率 $p > \alpha$ 时，接受原假设 $H_0：O_{1i} = E_{1i}$，认为各组的划分与因变量的实际取值不相关，意味着模型的拟合优度较低。

（四）残差分析

可以利用以下残差指标进行分析。

非标准化残差为：

$$e_i = y_i - p_i(y = 1 \mid x_i) \quad\cdots\cdots\cdots\cdots\cdots\cdots\cdots\cdots \quad (6\text{—}11)$$

标准化残差为：

$$\text{Standard} \quad e_i = \frac{y_i - n_i p_i}{\sqrt{n_i p_i (1 - p_i)}} \quad\cdots\cdots\cdots\cdots\cdots \quad (6\text{—}12)$$

其中，n_i 表示自变量取特定值的样本个数。

Logit 残差为：

$$\text{Logit} \quad e_i = \frac{e_i}{\sqrt{p_i(1 - p_i)}} \quad\cdots\cdots\cdots\cdots\cdots\cdots\cdots \quad (6\text{—}13)$$

第七节　综合评价方法

多属性综合评价问题的一般描述为：有 m 个样品 $P_1, P_2, \cdots, P_m$，第 i 个样品为 $P_i(i = 1, 2, \cdots, m)$。有 n 个指标 $U_1, U_2, \cdots, U_n$，第 j 个指标为 $U_j(j = 1, 2, \cdots, n)$。样品 P_i 在指标 U_j 上的打分值为 x_{ij}。n 个指标的权重分别为 $w_1, w_2, \cdots, w_n$，第 j 个指标的权重为 $w_j(j = 1, 2, \cdots, n)$。需要对这 m 个样品做出综合评价，并根据评价值进行排序。

综合评价方法的一般步骤为：

（1）建立决策矩阵。决策矩阵为 $X = (x_{ij})_{m \times n}$，其中 $x_{ij}(i = 1,2,\cdots,m;j = 1,2,\cdots,n)$ 为第 i 个样品在第 j 个指标上的打分值。

（2）原始数据标准化处理。为了消除数量级差异或量纲差异，需要对原始数据进行标准化处理。

对于效益型指标（越大越好），公式为：

$$x' = \frac{x}{x^{\max}} \quad\cdots\cdots\cdots\cdots\cdots\cdots\cdots\cdots\cdots\cdots\cdots (7\text{—}1)$$

其中，$x^{\max}$ 表示变量 x 的最大值。

对于成本型指标（越小越好），公式为：

$$x' = \frac{x^{\min}}{x} \quad\cdots\cdots\cdots\cdots\cdots\cdots\cdots\cdots\cdots\cdots\cdots (7\text{—}2)$$

其中，$x^{\min}$ 表示变量 x 的最小值。

对于固定型指标（越靠近某理想值越好），公式为：

$$x' = \frac{a}{a + |x - a|} \quad\cdots\cdots\cdots\cdots\cdots\cdots\cdots\cdots\cdots (7\text{—}3)$$

其中 $a > 0$ 为理想值。

经过处理后，所有数据 x' 成为效益型，且 $0 < x' \leqslant 1$。经过标准化的矩阵记作 $R = (r_{ij})_{m \times n}$。

（3）综合评价。第 i 个样品的综合评价值为：

$$y_i = \sum_{j=1}^{n} w_j r_{ij},(i = 1,2,\cdots,m) \quad\cdots\cdots\cdots\cdots\cdots (7\text{—}4)$$

y_i 越大表明样品 P_i 越优。于是可以根据 m 个样品的综合评价值的大小进行排序。

以上方法只是针对指标层仅仅只有一级指标的问题进行综合评价。如果指标层有二级指标、三级指标等等，那么可以从低一级的指标开始评价，按照以上方法，把所得到的综合评价值作为高一级指标的打分值，再按照以上方法进行综合评价，把所得到的综合评价值作为更高一级指标的打分值，以此类推，最后得到的就是总指标的综合评价值。

第八节　主成分分析方法

主成分分析是把多个线性相关的变量转化为少数几个新的线性无关的综合变量的一种多元统计方法，其基本思想就是在保留原变量尽可能多的信息的前提下达到降维的目的，这些新的综合变量称为主成分。

一　主成分分析法的步骤

（1）确定决策矩阵。设原始数据矩阵为 $X = (x_{ij})_{n \times p}$，其中 x_{ij} 表示第 i 个样品在第 j 个变量上的取值 $i = 1, 2, \cdots, n$；$j = 1, 2, \cdots, p$。

（2）对原始数据进行标准化，即令：

$$x_{ij}^* = \frac{x_{ij} - \bar{x}_j}{s_j} \cdots\cdots\cdots\cdots\cdots\cdots\cdots\cdots\cdots\cdots (8-1)$$

其中 $\bar{x}_j, s_j$ 分别为第 j 个变量的样本均值和标准差，即：

$$\bar{x}_j = \frac{1}{n} \sum_{i=1}^{n} x_{ij}, \quad s_j = \sqrt{\frac{1}{n-1} \sum_{i=1}^{n} (x_{ij} - \bar{x}_j)^2}$$

则 $X^* = (x_{ij}^*)_{n \times p}$ 为标准化的决策矩阵。

（3）由决策矩阵 $X = (x_{ij})_{n \times p}$ 求相关系数矩阵 $R = (r_{ij})_{p \times p}$，其中 r_{ij} 为原变量 x_i 与 x_j 的相关系数，其计算公式为：

$$r_{ij} = \frac{\sum_{k=1}^{n} (x_{ki} - \bar{x}_i)(x_{kj} - \bar{x}_j)}{\sqrt{\sum_{k=1}^{n} (x_{ki} - \bar{x}_i)^2 \sum_{k=1}^{n} (x_{kj} - \bar{x}_j)^2}} \cdots\cdots\cdots\cdots\cdots (8-2)$$

（4）计算 R 的特征根和特征向量。

R 的特征方程为：

$$|\lambda E - R| = 0 \cdots\cdots\cdots\cdots\cdots\cdots\cdots\cdots\cdots\cdots (8-3)$$

其中，E 为单位矩阵。由特征方程得 R 的特征根为 $\lambda_j(j = 1,$ $2,\cdots,p)$。将特征根按照从大到小的顺序排列，排列后的特征根不妨仍然表示为 $\lambda_1 \geq \lambda_2 \geq \cdots\lambda_p \geq 0$。同时可得对应的特征向量 $A_1,A_2,\cdots,A_p$，其中 $A_j = (a_{1j},a_{2j},\cdots,a_{pj})^T$。

（5）计算所有变量的方差贡献率及累计方差贡献率。λ_j 的方差贡献率为：

$$e_j = \frac{\lambda_j}{\sum\limits_{j=1}^{p} \lambda_j}(j = 1,2,\cdots,p) \quad\cdots\cdots\cdots\cdots\cdots\cdots\cdots (8—4)$$

λ_j 的累计方差贡献率为：

$$E_j = \sum_{k=1}^{j} e_j(j = 1,2,\cdots,p) \quad\cdots\cdots\cdots\cdots\cdots\cdots\cdots (8—5)$$

（6）确定主成分的数目 m。方法有：①取累计方差贡献率达 85%—95% 的主成分；②取所有 $\lambda_j \geq 1$ 的主成分；③累计特征根乘积大于 1 的主成分；④画出特征根变化曲线，以转折点位置为标准判断。

（7）确定主成分函数表达式模型。设 m 个主成分对应的特征向量分别为 $A_1,A_2,\cdots,A_m$，则第 $t(t = 1,2,\cdots,m)$ 个主成分 y_t 的函数表达式为：

$$y_t = (A_t)^T \begin{pmatrix} x_1^* \\ x_2^* \\ \cdots \\ x_p^* \end{pmatrix} = \sum_{k=1}^{p} a_{kt}x_k^* (t = 1,2,\cdots,m) \quad\cdots\cdots (8—6)$$

（8）提炼主成分 y_t 的综合意义。由 x_k^* 与 y_t 的相关系数 a_{kt} 的大小可以确定 y_t 主要与哪几个变量显著相关，然后根据这几个变量的实际意义提炼 y_t 的综合意义。如果 a_{kt} 之间的大小关系不显著，可以采取方差最大化旋转方法将 a_{kt} 转化为 b^{kt}，然后再提炼 y_t 的综合意义。

（9）求主成分函数值。将 n 个样品的标准化数据 x_k^*（$k = 1$，$2, \cdots, p$）代入（8—6），可以求得 n 个样品的第 t 个主成分 y_t 的函数值。

（10）检验主成分模型。利用 m 个样品的主成分 $y_1, y_2, \cdots, y_m$ 的函数值，通过计算 $y_1, y_2, \cdots, y_m$ 的相关系数就可以检验 m 个主成分是否线性无关。如果两个主成分的相关系数为 0，则说明这两个主成分线性无关，模型有效；否则线性相关，模型无效。

（11）对模型结果进行分析、解释、推断。

二 基于主成分分析的综合评价

将主成分 y_t 的方差贡献率作为主成分的权重，对 m 个主成分的函数值进行加权求和即得综合评价值，然后根据综合评价值进行排序。

设第 t 个主成分的权重为 w_t，则：

$$w_t = \frac{\lambda_t}{\sum_{t=1}^{m} \lambda_t}(t = 1, 2, \cdots, m) \quad \cdots\cdots\cdots\cdots\cdots\cdots\cdots \text{（8—7）}$$

于是第 i 个样品的综合评价值 z_i 为：

$$z_i = \sum_{t=1}^{m} w_t y_t (i = 1, 2, \cdots, n) \quad \cdots\cdots\cdots\cdots\cdots\cdots \text{（8—8）}$$

根据 z_i 的大小可以对所有样品进行排序。

第九节 蒙特卡洛模拟方法

蒙特卡洛（Monte Carlo）模拟法，又称随机模拟法，它是计算机模拟的基础。蒙特卡洛模拟的实质是利用服从某种分布的随机数来模拟现实系统中可能出现的随机现象。由于每次模拟试验只能描述所观察系统可能出现的一次情况，在进行大量次数的模拟试验后，即可得出有价值的统计结论。由于计算机的发展，蒙特卡洛模拟法已成为一种实用有效的决策分析方法。

一　蒙特卡洛模拟方法的基本思想

以投针实验测定 π 值为例。设在单位正方形内有一内切圆。如果把针均匀地投在正方形内，则落在圆内的概率为 $p = \dfrac{\pi}{4}$。

如果投针 n 次，其中有 m 次落在圆内，则 $p \approx \dfrac{m}{n}$。因此 $\pi \approx \dfrac{4m}{n}$。可见通过大量的投针实验，并统计命中圆内的次数，就可以求得 π 的近似值。实验次数越大，结果就越精确。

蒙特卡洛模拟法的基本思想是：将符合一定概率分布的大量随机数作为参数输入数学模型求出所关注变量的概率分布，从而了解不同参数对目标变量的综合影响以及目标变量最终结果的统计特性。

基本原理简单描述如下：

假设函数 $Y = f(X_1, X_2, \cdots, X_k)$，其中随机变量 $X_1, X_2, \cdots, X_k$ 的概率分布已知。蒙特卡洛方法利用一个随机数发生器通过直接或间接抽样取出一组随机变量的值 $(x_{i1}, x_{i2}, \cdots, x_{ik})$，然后计算随机变量 Y 的值 $y_i = f(x_{i1}, x_{i2}, \cdots, x_{ik})$。反复独立抽样（模拟）多次 $(i = 1, 2, \cdots, n)$，便可得到随机变量 Y 的一组抽样数据 y_1，$y_2, \cdots, y_n$，它们符合正态分布。当模拟次数 n 足够大时，便可给出与实际情况相近的随机变量 Y 的概率分布与其数字特征。

二　蒙特卡洛模拟方法的基本步骤

应用蒙特卡洛模拟方法的前提就是要确定目标变量的数学模型以及模型中各个变量的概率分布。如果确定了这两点，就可以按照给定的概率分布生成大量的随机数，并将它们代入模型，得到大量目标变量的可能结果，从而研究目标变量的统计特征。因此，应用蒙特卡洛模拟方法的具体步骤为：

（1）构造或描述概率过程。对于本身就具有随机性质的问题，主要是正确描述和模拟这个概率过程；对于本来不是随机性质的确定性问题，就必须事先构造一个人为的概率过程，它的某些参量正好是所要解决的问题的解，也就是将确定性问题转化为随机性问题。

（2）实现从已知概率分布抽样。构造了概率模型以后，由于各种概率模型都可以看作是由各式各样的概率分布构成的，因此产生已知概率分布的随机变量，就成为实现蒙特卡洛模拟方法的基本手段。

（3）建立各种估计量。建立各种估计量，相当于对模拟实验的结果进行考察和登记，从中得到问题的解。

三 蒙特卡洛模拟抽样重复次数

蒙特卡洛模拟中的一个重要问题是选择模拟的重复次数。模拟的重复次数影响着预测结果。通常，重复的次数越多，对总体分布的特性刻画及参数估计就越精确。而模拟次数恰好就是从总体中抽出的样本的容量。现在的问题是，至少需要模拟多少次才可以得到可靠而精确的统计结论。

确定必要样本容量的原则是：在保证抽样推断达到可靠程度和精确程度的要求下，确定一个恰当的样本容量，即找出在规定误差范围内的最小样本容量。这样既可以保证满足误差的要求，也能使得模拟时间达到最小。

（一）估计均值时的样本容量

假定总体服从正态分布。

当总体方差 σ 已知时，样本容量 n 的确定公式为：

$$n = \left\lceil \frac{Z_{\alpha/2}^2 \sigma^2}{\Delta_{\bar{x}}^2} \right\rceil \quad \cdots\cdots\cdots\cdots\cdots\cdots\cdots\cdots\cdots\cdots\cdots \quad (9\text{—}1)$$

其中，α 表示显著性水平；$\Delta_{\bar{x}}$ 表示均值的抽样极限误差；$Z_{\alpha/2}$ 表示在显著性水平为 α 时，标准正态分布在 $\frac{\alpha}{2}$ 处的临界值；$\lceil x \rceil$ 表示对 x 向上进位取整数。

当总体方差 σ 未知时，处理的方法有两种：其一是利用历史资料中的方差或样本方差来代替；其二是用估计值 $\hat{\sigma} = \frac{1}{6}$（均值区间长度）$= \frac{\Delta_{\bar{x}}}{3}$ 来代替，这是因为在正态分布中，大约有 99% 的样本处于 $(\mu - 3\sigma, \mu + 3\sigma)$ 内，其中 μ 为总体均值。

（二）估计成数时的样本容量

当总体成数 P 已知时，样本容量 n 的确定公式为

$$n = \left\lceil \frac{Z_{\alpha/2}^2 P(1-P)}{\Delta_p^2} \right\rceil \quad \cdots\cdots\cdots\cdots\cdots\cdots\cdots\cdots\cdots \quad (9\text{—}2)$$

其中，α 表示显著性水平；Δ_p 表示成数的抽样极限误差；$Z_{\alpha/2}$ 表示在显著性水平为 α 时，标准正态分布在 $\frac{\alpha}{2}$ 处的临界值；$\lceil x \rceil$ 表示对 x 向上进位取整数。

当总体成数 P 未知时，处理的方法是利用历史资料中的成数或样本成数来代替。

四　常用的随机变量概率分布

常用的离散型概率分布主要有两点分布、二项分布、泊松（Poisson）分布等。常用的连续型概率分布主要有均匀分布、正态分布、χ^2 分布、t 分布、F 分布等。

第十节　聚类分析方法

聚类问题的数学描述为：设有 n 个样品 $A_1, A_2, \cdots, A_n$，每个样

品有 m 个指标 $U_1, U_2, \cdots, U_m$，x_{ij} 为样品 A_i 在指标 U_j 下的值（$i = 1, 2, \cdots, n$；$j = 1, 2, \cdots, m$），构成了原始数据矩阵 $X = (x_{ij})_{nm}$。现在需要确定一个恰当的分类数，并将这 n 个样品归为各类之中。

一 原始数据标准化

为了消除量纲不同或量纲相同但数量级不同，需要将原始数据进行标准化处理（这里不需要极性一致化处理）。常用的方法有：

（一）标准差法

$$x'_{ij} = \frac{x_{ij} - \bar{x}_j}{s_j}(i = 1, 2, \cdots, n; j = 1, 2, \cdots, m) \quad \cdots\cdots \quad (10—1)$$

其中，$\bar{x}_j = \frac{1}{n}\sum_{i=1}^{n} x_{ij}$，$s_j = \sqrt{\frac{1}{n-1}\sum_{i=1}^{n}(x_{ij} - \bar{x}_j)^2}$。标准化处理后，标准化矩阵 $X = (x'_{ij})_{nm}$ 每一列的平均值为 0，标准差为 1。

（二）极差法

$$x'_{ij} = \frac{x_{ij} - \min\limits_{1 \leqslant i \leqslant n}\{x_{ij}\}}{\max\limits_{1 \leqslant i \leqslant n}\{x_{ij}\} - \min\limits_{1 \leqslant i \leqslant n}\{x_{ij}\}}(i = 1, 2, \cdots, n; j = 1, 2, \cdots, m)$$

$$\cdots\cdots\cdots\cdots\cdots\cdots\cdots\cdots\cdots\cdots\cdots\cdots\cdots\cdots\cdots \quad (10—2)$$

标准化处理后，标准化矩阵 $X' = (x'_{ij})_{nm}$ 每一列的极差为 1，且 $0 \leqslant x'_{ij} \leqslant 1$。

下文中为了简化符号，仍然把标准化后的数据记作 x_{ij}。

二 相似程度统计量

为了将样品进行分类，就需要研究样品之间的关系，给出刻画它们相似程度的统计量。常用的统计量是距离。

设 d_{ij} 表示第 i 个样品与第 j 个样品之间的距离，则 d_{ij} 一般应该满足下面四条公理：

（1）$\forall i,j,d_{ij} \geqslant 0$ ；

（2）$\forall i,d_{ii} = 0$ ；

（3）$\forall i,j,d_{ij} = d_{ji}$ ；

（4）$\forall i,j,k,d_{ij} \leqslant d_{ik} + d_{kj}$ 。

如果（1）—（3）满足，而（4）不满足，则称之为广义距离。

常用的距离（按样品）有：

（1）绝对值距离

$$d_{ij} = \sum_{k=1}^{m} |x_{ik} - x_{jk}| \quad\cdots\cdots\cdots\cdots\cdots\cdots\cdots\cdots \text{（10—3）}$$

（2）闵可夫斯基（Minkowski）距离

$$d_{ij} = \Big(\sum_{k=1}^{m} (x_{ik} - x_{jk})^q\Big)^{\frac{1}{q}} \quad\cdots\cdots\cdots\cdots\cdots\cdots \text{（10—4）}$$

当 $q = 2$ 时为欧氏（Euclid）距离。

（3）马氏（Mahalanobis）距离

$$d_{ij}^2 = (X_i - X_j)^T \sum{}^{-1} (X_i - X_j) \quad\cdots\cdots\cdots\cdots \text{（10—5）}$$

其中，X_i 表示第 i 个样品的指标值，X_j 表示第 j 个样品的指标值，$\sum$ 为样本的协方差矩阵。这样的规定也适合于指标间。

这种方法就是将每个样品看作 m 维空间的一个点，并在空间中定义距离，距离较近的归为一类，距离较远的归为不同的类。

此外，还有切比雪夫距离、兰氏距离等。

三　系统聚类法

系统聚类法的基本思想是：先将系统中的每个样品看作一类，然后计算各类之间的距离。由于开始时每个样品自成一类，共有 n 类，因而类与类之间的距离和样品与样品之间的距离是相等的。因此首先选择其中距离最小的一对样品合并成一类，此时共有 $n -$

1 类。然后计算这 $n-1$ 类之间的距离，并将距离最小的一对合并成一类，此时共有 $n-2$ 类，这样每合并一次，减少 1 类，直到将所有样品聚为一类为止。最后将上述合并过程画成一张聚类图，按某一准则决定分为几类。对指标分类用类似的方法进行。

由于类与类之间的距离的定义方法不同，因而产生了不同的系统聚类方法。下面介绍常用的几种方法。

（一）最短距离法

设有 n 个样品，d_{ij} 表示样品 i 与样品 j 之间的距离，用 G_1，G_2，$\cdots$，G_n 表示初始类。规定类与类之间的距离为两类中最近样品的距离，用 D_{pq} 表示 G_p 与 G_q 之间的距离，则：

$$D_{pq} = \min_{\substack{i \in G_p \\ j \in G_q}} \{d_{ij}\}(p \neq q) \quad \cdots\cdots\cdots\cdots\cdots\cdots\cdots\cdots\cdots \quad (10—6)$$

当 $p = q$ 时，$D_{pq} = 0$。

最短距离法的聚类步骤如下：

（1）规定样品之间的距离，计算 d_{ij}，得到对称矩阵 $D_{(0)}$。一开始每个样品自成一类，共有 n 类，所以 $D_{pq} = d_{pq}$。

（2）选择 $D_{(0)}$ 中的最小非零元素，设为 $D_{(0)}^{pq*}$，并将 G_p 与 G_q 并为一类，记作 $G_r = \{G_p, G_q\}$。此时共有 $n-1$ 类。在 $D_{(0)}$ 中划去 G_p 与 G_q 对应的两行和两列。

（3）计算新类 G_r 与其他类 $G_k(k \neq p,q)$ 的距离。

$$D_{rk} = \min_{\substack{i \in G_r \\ j \in G_k}} \{d_{ij}\} = \min\{\min_{\substack{i \in G_p \\ j \in G_k}} \{d_{ij}\}, \min_{\substack{i \in G_q \\ j \in G_k}} \{d_{ij}\}\} = \min\{D_{pk}, D_{qk}\}$$

$$\cdots\cdots\cdots\cdots\cdots\cdots\cdots\cdots\cdots\cdots\cdots\cdots\cdots\cdots\cdots\cdots\cdots\cdots \quad (10—7)$$

将计算得到的新类 G_r 与剩下的未聚类的各类之间的距离所组成的一行和一列添加到 $D_{(0)}$ 中，其余行和列上的距离值不变，得到新的矩阵记作 $D_{(1)}$。

（4）针对 $D_{(1)}$ 重复上述步骤（2）、（3）的做法，得到 $D_{(2)}$。

（5）如此下去，直到所有样品并为一类为止。

当某一步 $D_{(k)}$ 里的最小非零元素不止一个时，则对应于这些最小非零元素的类可以同时合并。

（二）最长距离法

最长距离法规定类与类之间的距离为两类中最远样品的距离，即：

$$D_{pq} = \max_{\substack{i \in G_p \\ j \in G_q}}\{d_{ij}\}(p \neq q) \cdots\cdots\cdots\cdots\cdots\cdots\cdots (10\text{—}8)$$

当 $p = q$ 时，$D_{pq} = 0$。

最长距离法与最短距离法的合并步骤一样，只是类与类之间的距离的定义不同而已。设某一步将 G_p 与 G_q 并为一类，记作 $G_r = \{G_p, G_q\}$。计算新类 G_r 与其他类 $G_k(k \neq p, q)$ 的距离为：

$$D_{rk} = \max_{\substack{i \in G_r \\ j \in G_k}}\{d_{ij}\} = \max\{\max_{\substack{i \in G_p \\ j \in G_k}}\{d_{ij}\}, \max_{\substack{i \in G_q \\ j \in G_k}}\{d_{ij}\}\} = \max\{D_{pk}, D_{qk}\}$$

$$\cdots\cdots\cdots\cdots\cdots\cdots\cdots\cdots\cdots\cdots\cdots\cdots\cdots (10\text{—}9)$$

再找距离最大的两类合并，直到所有样品合并为一类为止。

以下介绍的几种方法仅写出定义类与类之间距离的方法和计算新类与其他类的距离所用的递推公式。

（三）中间距离法

递推公式（G_p 与 G_q 并为一类 G_r，D_{kr}^2 为 G_k 到边 G_p, G_q 中线的平方）为：

$$D_{kr}^2 = \frac{1}{2}D_{kp}^2 + \frac{1}{2}D_{kq}^2 - \frac{1}{4}D_{pq}^2 \cdots\cdots\cdots\cdots\cdots\cdots (10\text{—}10)$$

中间距离法还可以推广到更一般的情形：

$$D_{kr}^2 = \frac{1}{2}D_{kp}^2 + \frac{1}{2}D_{kq}^2 + \beta D_{pq}^2, (-\frac{1}{4} \leq \beta \leq 0) \cdots\cdots (10\text{—}11)$$

或

$$D_{kr}^2 = \frac{1-\beta}{2}(D_{kp}^2 + D_{kq}^2) + \beta D_{pq}^2[\beta < 1（可变法）] \cdots\cdots\cdots$$

$$\cdots\cdots\cdots\cdots\cdots\cdots\cdots\cdots\cdots\cdots\cdots\cdots\cdots (10\text{—}12)$$

由于公式中出现的全部是距离的平方，所以 $D_{(0)}$ 中的元素一律改为 d_{ij}^2，以后的每一步并类中，相应的矩阵一律改为 $D_{(1)}^2, D_{(2)}^2, \cdots, D_{(n)}^2$ 其中的元素改为 D_{pq}^2。下面的几种方法情况一样。

在下面介绍的重心法和离差平方和法中，递推公式都是在样品之间的距离采用欧氏距离的条件下推导的。

（四）重心法

每一类用重心代表，两类间的距离就是重心之间的距离。距离定义为：

$$D_{pq}^2 = d_{\bar{x}_p, \bar{x}_q}^2 \quad\cdots\cdots\cdots\cdots\cdots\cdots\cdots\cdots\cdots\cdots\cdots\cdots\cdots\cdots (10\text{—}13)$$

其中，$\bar{x}_p, \bar{x}_q$ 分别表示 G_p, G_q 的重心。

递推公式为：

$$D_{kr}^2 = \frac{n_p}{n_r}D_{kp}^2 + \frac{n_q}{n_r}D_{kq}^2 - \frac{n_p n_q}{n_r^2}D_{pq}^2 \quad\cdots\cdots\cdots\cdots\cdots (10\text{—}14)$$

其中，n_p, n_q, n_r 分别表示 G_p, G_q, G_r 的样品数，$n_r = n_p + n_q$。

（五）类平均法

距离定义为两类中各样品之间的平均距离。即：

$$D_{pq}^2 = \frac{1}{n_p n_q}\sum_{i \in G_p}\sum_{j \in G_q}d_{ij}^2 \quad\cdots\cdots\cdots\cdots\cdots\cdots\cdots (10\text{—}15)$$

递推公式为：

$$D_{kr}^2 = \frac{n_p}{n_r}D_{kp}^2 + \frac{n_q}{n_r}D_{kq}^2 \quad\cdots\cdots\cdots\cdots\cdots\cdots\cdots\cdots (10\text{—}16)$$

类平均法被实践证明是十分稳健的方法，所以一般研究中都采用此法。

递推公式可以改写为：

$$D_{kr}^2 = \frac{n_p}{n_r}(1 - \beta)D_{kp}^2 + \frac{n_q}{n_r}(1 - \beta)D_{kq}^2 + \beta D_{pq}^2 (\beta < 1) \quad\cdots\cdots\cdots$$

$$\cdots\cdots\cdots\cdots\cdots\cdots\cdots\cdots\cdots\cdots\cdots\cdots\cdots\cdots\cdots (10\text{—}17)$$

此时叫作可变类平均法。

（六）离差平方和法（Ward 法）

该方法的基本思想来源于方差分析，如果类分得好，那么同类样品的离差平方和较小，而不同类之间的离差平方和较大。

设将 n 个样品分为 k 类 $G_1, G_2, \cdots, G_k$，用 $X_t^{(i)}$（m 维向量）表示 G_t 中的第 i 个样品，n_t 表示 G_t 中的样品个数，$\bar{X}_t$ 是 G_t 的重心，则在 G_t 中的样品的离差平方和是：

$$S_t = \sum_{i=1}^{n_t} (X_t^{(i)} - \bar{X}_t)^T (X_t^{(i)} - \bar{X}_t)$$

整个类内平方和是：

$$S = \sum_{t=1}^{k} S_t = \sum_{t=1}^{k} \sum_{i=1}^{n_t} (X_t^{(i)} - \bar{X}_t)^T (X_t^{(i)} - \bar{X}_t)$$

当 k 固定时，要选择使得 S 达到极小的分类，但这通常是十分困难的。Ward 法就是找局部最优解的一个方法，其基本思想是先将 n 个样品各自称为一类，然后每次减少一类，离差平方和就要增大，选择使得增加最小的两类合并，直至所有的样品归为一类为止。

当把两类合并所增加的离差平方和看成平方和距离时，就有距离公式为：

$$D_{pq}^2 = \frac{n_p n_q}{n_r} (X_p - \bar{X}_q)^T (X_p - \bar{X}_q) \quad \cdots\cdots\cdots\cdots\cdots\cdots（10—18）$$

递推公式为：

$$D_{kr}^2 = \frac{n_p + n_k}{n_r + n_k} D_{kp}^2 + \frac{n_q + n_k}{n_r + n_k} D_{kq}^2 - \frac{n_k}{n_r + n_k} D_{pq}^2 \quad \cdots\cdots\cdots（10—19）$$

开始时，$n_p = n_q = 1, n_r = 2$，有：

$$D_{pq}^2 = \frac{1}{2} (X_p - \bar{X}_q)^T (X_p - \bar{X}_q) = \frac{1}{2} d_{pq}^2$$

综上所述，这几种系统聚类法并类的原则和步骤大体一样，不同的只是类与类之间的距离定义不同，从而得到不同的递推公式。威沙特（Wishart）在 1969 年发现这几种聚类公式可以统一表达成一个形式：

$$D_{kr}^2 = \alpha_p D_{kp}^2 + \alpha_q D_{kq}^2 + \beta D_{pq}^2 + r \left| D_{kp}^2 - D_{kq}^2 \right| \cdots\cdots\cdots (10—20)$$

其中，不同方法的系数取值不同，见附表 1—5。

附表 1—5　　　　　　　　不同方法的系数取值

方法	α_p	α_q	β	r
最短距离法	1/2	1/2	0	$-1/2$
最长距离法	1/2	1/2	0	1/2
中间距离法	1/2	1/2	$-\dfrac{1}{4} \leqslant \beta \leqslant 0$	0
重心距离法	n_p/n_r	n_q/n_r	$-\alpha_p \alpha_q$	0
类平均法	n_p/n_r	n_q/n_r	0	0
可变类平均法	$(1-\beta)n_p/n_r$	$(1-\beta)n_q/n_r$	$\beta < 1$	0
可变法	$(1-\beta)/2$	$(1-\beta)/2$	$\beta < 1$	0
离差平方和法	$\dfrac{n_p + n_k}{n_r + n_k}$	$\dfrac{n_q + n_k}{n_r + n_k}$	$\dfrac{-n_k}{n_r + n_k}$	0

　　有研究指出，Ward 法在大多数情况下能够找到很好的划分，并将元素正确地分到各组，因此 Ward 法被看作是一种很好的合并算法。Ward 法更倾向于尽可能构建相同大小的类，不要有较大的类或较小的类。

四　系统聚类法的步骤

第一步，建立原始数据矩阵 $X = (x_{ij})_{nm}$。

第二步，建立标准化数据矩阵 $X' = (x'_{ij})_{nm}$。

第三步，计算样品之间的距离矩阵 $D_{(0)} = (d_{ij})_{n \times n}$。

第四步，选择聚类方法进行聚类。

第五步，确定分类数，确定各样品的类别归属，得出聚类结果。

参考文献：

［1］高建、程源、李习保等：《全球创业观察中国报告（2007）——创业转型与就业效应》，清华大学出版社 2008 年版。

［2］陈再余、陶应虎：《统计学原理与实务》，清华大学出版社 2009年版。

［3］王超、王永刚：《统计学原理》，经济科学出版社 2010 年版。

［4］高惠璇：《应用多元统计分析》，北京大学出版社 2005 年版。

［5］薛薇：《SPSS 统计分析方法及应用》，电子工业出版社 2009年版。

［6］朱红兵：《应用统计与 SPSS 应用》，电子工业出版社 2011 年版。

［7］韩中庚：《数学建模方法与应用》，高等教育出版社 2005 年版（2006年重印）。

［8］蔡波、姚泽清、张倩：《主成分分析法在分析江苏经济发展状况中的应用》，《数学的实践与认识》2008 年第 11 期。

［9］王翔：《蒙特卡洛仿真在 TD—SCDMA 数据网管项目进度管理中的应用》，硕士学位论文，上海交通大学，2008 年。

［10］唐秀丽：《蒙特卡洛模拟技术在企业定额制定中的应用研究》，硕士学位论文，首都经济贸易大学，2009 年。

［11］王丽霞：《概率论与数理统计——理论、历史及应用》，大连理工大学出版社 2010 年版。

［12］袁志发、宋世德：《多元统计分析》，科学出版社 2009 年版。

[13]［德］克劳斯·巴克豪斯、［德］本德·埃里克森、［德］伍尔夫·普林克、［中］王煦逸、［德］儒尔夫·威伯：《多元统计分析方法：用 SPSS 工具》，格致出版社、上海人民出版社 2009 年版。

附录二 大学生创业指数评价指标体系

总表

大学生创业指数评价指标体系

序号	一级指标	权重	二级指标	权重
1	创业态势与特性	0.1	创业态势	0.2
			创业增量态势	0.8
2	创业机会和创业能力	0.1	创业机会	0.4
			创业能力	0.6
3	创业环境	0.1	金融支持	0.16
			政府政策	0.16
			政府项目支持	0.2
			教育与培训	0.16
			研究开发转移效率	0.1
			商业和专业基础设施	0.1
			进入壁垒	0.06
			文化和社会规范	0.06

序号	一级指标	权重	二级指标	权重
4	融资与投资	0.1	自有资本投资	0.2
			非正式投资者投资	0.3
			创业资本投资	0.5
5	创业带动就业效应	0.1	创业企业提供的就业岗位数	0.2
			创业者受教育程度	0.2
			创业者的年龄	0.1
			创业公司的成长年限	0.2
			政府扶持力度	0.1
			创业企业个数	0.1
			大学生创业培训程度	0.1
6	创业教育	1/14	课程设置	0.1
			课程内容	0.25
			课程实施方法和手段	0.25
			课程队伍建设	0.2
			课程实施的实践条件	0.1
			课程实施效果	0.1
7	工学结合程度	1/14	引进社会资源	0.5
			服务社会	0.5

序号	一级指标	权重	二级指标	权重
8	校内环境	1/14	校园创业文化	0.16
			学校创业政策与保障机制	0.16
			创业教育与培训	0.2
			投入有形基础设施	0.16
			创业基金（资金）支持	0.12
			相关科研成果转化	0.12
			创业产业关联度	0.08
9	专业指导教师队伍的质与量	1/14	指导教师数量	0.25
			教育背景	0.15
			专业技术与技能	0.15
			师资培训与进修	0.2
			智力成果转化	0.13
			相关科研成果转化	0.12
10	创业教育理念	1/14	创业教育理念	0.4
			创业实践课程	0.4
			对创业成就或行为的支持	0.2
11	创新特色	1/14	对于机会型创业支持特色	0.25
			对高成长型创业企业的政策倾斜	0.25
			政策上表现出来的对知识产权的重视程度	0.25
			对新型创业模式的关注	0.25
12	创业绩效	1/14	财务绩效	0.6
			非财务绩效	0.4

附表 2—1　　　　　　　**大学生创业态势与特性指标体系**

一级指标	权重	二级指标	权重	三级指标	权重	指标内容	指标值	打分方法
创业态势与特性	0.1	创业态势	0.2	生存型创业企业存量	0.2	生存型创业企业数量	20	1 家计 2 分，增加 1 家增计 2 分，≥10 家计 20 分
						生存型创业企业在人口中的比重	80	每 10000 人有 1 家计 10 分，增加 1 家增计 10 分，≥8 家计 80 分
				生存型创业企业中大学生创业人数	0.2	生存型创业企业人数	20	每 10 人计 5 分，每增加 10 人增计 5 分，≥40 人计 20 分
						生存型创业企业人员在人口中的比重	80	每 1000 人有 1 人计 20 分，增加 1 人增计 20 分，≥4 人计 80 分
				机会型创业企业存量	0.3	机会型创业企业数量	20	一家计 0.5 分，增加一家增计 0.5 分，≥40 家计 20 分
						机会型创业企业在人口中的比重	80	每 1000 人有 1 人计 15 分，每增加 1 人增计 15 分，≥6 人计 80 分
				机会型创业企业中大学生创业人数	0.3	机会型创业企业人数	20	1 人计 0.2 分，每增加 1 人增计 0.2 分，≥100 人计 20 分
						机会型创业企业人数在人口中的比重	80	每 1000 人有 1 人计 5 分，增加 1 人增计 5 分，≥16 人计 80 分

续表

一级指标	权重	二级指标	权重	三级指标	权重	指标内容	指标值	打分方法
创业态势与特性	0.1	创业增量态势	0.8	人口增量	0.25	与上一年度相比创业人员增加比例	100	在50分的基础上增减，增减1%增减1分，最低分0分，最高分100分
				企业增量	0.25	与上一年度相比创业企业增加比例	100	在50分的基础上增减，增减1%增减1分，最低分0分，最高分100分
				产值增量	0.25	与上一年度相比创业企业产值增加比例	100	在80分的基础上增减，增减1%增减1分，最低分0分，最高分100分
				机会型创业企业增量	0.25	与上一年度相比机会型创业企业增加比例	100	在50分的基础上增减，增减1%增减1分，最低分0分，最高分100分

附表2—2　　大学生创业机会和创业能力指标体系

一级指标	权重	二级指标	权重	三级指标	权重	指标内容	指标值	打分方法
创业机会和创业能力	0.1	创业机会	0.4			"有相当多创办新公司的好机会"的程度或可能性	20	使用4、8、12、16、20赋值。赋值小表示该指标的程度或可能性小；反之，赋值大表示该指标的程度或可能性大
						"创办新公司的好机会较能把握这些机会的人多"的程度或可能性	20	同上
						"创办公司的好机会在过去5年内大量增长"的程度或可能性	20	同上

续表

一级指标	权重	二级指标	权重	三级指标	权重	指标内容	指标值	打分方法
创业机会和创业能力	0.1	创业机会	0.4			"个人可以很容易把握创业机会"的程度或可能性	20	同上
						"创办真正高成长型公司的好机会相当多"的程度或可能性	20	同上
		创业能力	0.6	创业技能	0.7	"许多人知道如何创办及管理高成长型公司"的程度或可能性	20	同上
						"许多人知道如何创办及管理一家小公司"的程度或可能性	20	同上
						"许多人有创办新公司的经验"的可能性	20	同上
						"许多人能对创办新公司的好机会迅速做出反应"的程度或可能性	20	同上
						"许多人有能力组织创办新公司所需的资源"的程度或可能性	20	同上

一级指标	权重	二级指标	权重	三级指标	权重	指标内容	指标值	打分方法
创业机会和创业能力	0.1	创业能力	0.6	创业动机	0.3	"创业被视为一个致富的良好途径"的程度或可能性	20	同上
						"大多数人将成功创业者作为一项希望的职业选择"的程度或可能性	20	同上
						"成功的创业者享有较高的社会地位和尊重"的程度或可能性	20	同上
						"你经常能在公众媒体中看见成功创业的故事"的程度或可能性	20	同上
						"大多数人认为创业者是有能力的和足智多谋的"的程度或可能性	20	同上

附表2—3　　　　**大学生创业环境指标体系**

一级指标	权重	二级指标	权重	三级指标	权重	指标内容	指标值	打分方法
创业环境	0.1	金融支持	0.16	大学生创业资金有充足的来源	1	大学生创业所需资金来源的可得性	100	完全肯定100分,基本肯定80分,不确定60分,基本否定40分,完全否定20分

一级指标	权重	二级指标	权重	三级指标	权重	指标内容	指标值	打分方法
创业环境	0.1	政府政策	0.16	当地政府在制定政策时优先考虑大学生创业	0.5	政府对大学生创业在政策制定和规划方面的扶持	100	同上
				当地政府政策一直对新公司优惠	0.5	政府对新公司在政策制定和规划方面的扶持	100	同上
		政府项目支持	0.2	科技园和企业孵化器给大学生创业提供有效支持	1	各级政府对于大学生创业的具体支持	100	同上
		教育与培训	0.16	大学里设置了足够的关于创业的课程和项目	0.5	与大学生创业相关的各个层次教育和培训体系	100	同上
				政府的再教育体系为创业做了很好的准备	0.5	政府举办的创业培训体系	100	同上

一级指标	权重	二级指标	权重	三级指标	权重	指标内容	指标值	打分方法
创业环境	0.1	研究开发转移效率	0.1	新技术、新科学和其他知识迅速从高校、研究机构向企业转移	0.5	研发成果转移效率对于大学生创业的影响	100	同上
				有力支持大学生研究成果商业化	0.5	研究成果商业化对于大学生创业的影响	100	同上
		商业和专业基础设施	0.1	有足够的分包商、供应商和咨询机构为大学生创业提供帮助	0.5	商业机构和咨询机构的数量	100	同上
				当地有良好的创业基础设施（道路、公共设施、通信等）	0.5	能够得到基础设施的可接受性	100	同上
		进入壁垒	0.06	大学生创业能够很容易地进入新市场	0.5	大学生创业准入门槛的高低程度	100	同上
				反垄断方面的法律有效且得到有力执行	0.5	反垄断法律执行程度	100	同上

续表

一级指标	权重	二级指标	权重	三级指标	权重	指标内容	指标值	打分方法
创业环境	0.1	文化和社会规范	0.06	当地提倡自立、自治和个人主动性和勇于承担责任	0.5	社会和文化背景对于大学生创业的鼓励程度	100	同上
				当地鼓励创造和创新	0.5	社会和文化背景鼓励创造创新的程度	100	同上

附表2—4　　　　大学生创业融资与投资指标体系

一级指标	权重	二级指标	权重	三级指标	权重	指标内容	指标值	打分方法
融资与投资	0.1	自有资本投资	0.2	自身存款	0.25	生活费积累	50	每1000人用作投资额度达到1万元计10分，每增加1万元增加10分，以此类推，大于等于5万元计50分
						压岁钱积累	50	每1000人用作投资额度达到1万元计10分，每增加1万元增加10分，以此类推，大于等于5万元计50分
				勤工俭学收入积累	0.25	校内兼职收入	60	每1000人用作投资额度达到1万元计12分，每增加1万元增加12分，以此类推，大于等于5万元计60分

一级指标	权重	二级指标	权重	三级指标	权重	指标内容	指标值	打分方法
融资与投资	0.1	自有资本投资	0.2	勤工俭学收入积累	0.25	校外兼职收入	40	每 1000 人用作投资额度达到 1 万元计 8 分，每增加 1 万元增加 8 分，以此类推，大于等于 5 万元计 40 分
				初始创业获利积累的资金	0.25	独资创业获利	60	每 1000 人用作投资额度达到 1 万元计 12 分，每增加 1 万元增加 12 分，以此类推，大于等于 5 万元计 60 分
						合伙创业获利	40	每 1000 人用作投资额度达到 1 万元计 8 分，每增加 1 万元增加 8 分，以此类推，大于等于 5 万元计 40 分
				各种奖金积累	0.25	奖学金收入	50	每 1000 人用作投资额度达到 1 万元计 10 分，每增加 1 万元增加 10 分，以此类推，大于等于 5 万元计 50 分
						参加创业比赛奖金收入	50	每 1000 人用作投资额度达到 1 万元计 10 分，每增加 1 万元增加 10 分，以此类推，大于等于 5 万元计 50 分

一级指标	权重	二级指标	权重	三级指标	权重	指标内容	指标值	打分方法
融资与投资	0.1	非正式投资者投资	0.3	家庭投入	0.1	父母投入	50	投资额度达到10万元计10分，每增加10万元增加10分，以此类推，大于等于50万元计50分
						兄弟姐妹投入	50	投资额度达到10万元计10分，每增加10万元增加10分，以此类推，大于等于50万元计50分
				朋友或邻居投入	0.2	朋友投入	50	投资额度达到5万元计10分，每增加5万元增加10分，以此类推，大于等于25万元计50分
						邻居投入	50	投资额度达到5万元计10分，每增加5万元增加10分，以此类推，大于等于25万元计50分
				亲戚投入	0.2	远房亲属投入	40	投资额度达到1万元计8分，每增加1万元增加8分，以此类推，大于等于5万元计40分

一级指标	权重	二级指标	权重	三级指标	权重	指标内容	指标值	打分方法
融资与投资	0.1	非正式投资者投资	0.3	亲戚投入	0.2	近亲亲属投入	60	投资额度达到 1 万元计 12 分,每增加 1 万元增加 12 分,以此类推,大于等于 5 万元计 60 分
				陌生人投入	0.5	对大学生的商业创意感兴趣的陌生人投入	40	投资额度达到 10 万元计 8 分,每增加 10 万元增加 8 分,以此类推,大于等于 50 万元计 40 分
						对大学生的商业创意不感兴趣的陌生人投入	60	投资额度达到 10 万元计 12 分,每增加 10 万元增加 12 分,以此类推,大于等于 50 万元计 60 分
		创业资本投资	0.5	政府和国外资本投入	0.25	政府资本投入	40	投资额度达到 10 万元计 8 分,每增加 10 万元增加 8 分,以此类推,大于等于 50 万元计 40 分
						国外资本投入	60	投资额度达到 10 万元计 12 分,每增加 10 万元增加 12 分,以此类推,大于等于 50 万元计 60 分

续表

一级 指标	权重	二级 指标	权重	三级 指标	权重	指标 内容	指标 值	打分 方法
融资与投资	0.1	创业资本投资	0.5	银行创业投资部投入	0.25	投资银行创业投资部	50	投资额度达到10万元计10分，每增加10万元增加10分，以此类推，大于等于50万元计50分
						商业银行创业投资部	50	投资额度达到10万元计10分，每增加10万元增加10分，以此类推，大于等于50万元计50分
				创业投资机构投入	0.25	创业投资公司	50	投资额度达到10万元计10分，每增加10万元增加10分，以此类推，大于等于50万元计50分
						创业投资管理公司	50	投资额度达到10万元计10分，每增加10万元增加10分，以此类推，大于等于50万元计50分
				机构投资者投入	0.25	养老基金	50	投资额度达到10万元计10分，每增加10万元增加10分，以此类推，大于等于50万元计50分
						保险基金	50	投资额度达到10万元计10分，每增加10万元增加10分，以此类推，大于等于50万元计50分

附表 2—5　　大学生创业带动就业效应指标体系

一级指标	权重	二级指标	权重	三级指标	权重	指标内容	指标值	打分方法
创业带动就业效应	1/14	创业企业提供的就业岗位数	0.2	生存型创业企业提供的就业岗位数	0.2	生存型创业企业能够提供的就业岗位平均数	100	A. 15 个岗位以上。 B. 8—14 个岗位。 C. 5—7 个岗位。 D. 3—4 个岗位。 E. 2 个岗位以下
				综合型创业企业提供的就业岗位数	0.3	综合型创业企业能够提供的就业岗位平均数	100	A. 15 个岗位以上。 B. 8—14 个岗位。 C. 5—7 个岗位。 D. 3—4 个岗位。 E. 2 个岗位以下
				机会型创业企业提供的就业岗位数	0.5	机会型创业企业能够提供的就业岗位平均数	100	A. 15 个岗位以上。 B. 8—14 个岗位。 C. 5—7 个岗位。 D. 3—4 个岗位。 E. 2 个岗位以下
		创业者受教育程度	0.2	生存型创业者受教育程度	0.2	生存型创业者受教育的学历水平	100	A. 硕士研究生以上。 B. 大学本科。 C. 高职高专。 D. 高中、中专。 E. 初中以下

一级指标	权重	二级指标	权重	三级指标	权重	指标内容	指标值	打分方法
创业带动就业效应	1/14	创业者受教育程度	0.2	综合型创业者受教育程度	0.3	综合型创业者受教育的学历水平	100	A. 硕士研究生以上。 B. 大学本科。 C. 高职高专。 D. 高中、中专。 E. 初中以下
				机会型创业者受教育程度	0.5	机会型创业者受教育的学历水平	100	A. 硕士研究生以上。 B. 大学本科。 C. 高职高专。 D. 高中、中专。 E. 初中以下
		创业者的年龄	0.1	生存型创业者年龄	0.2	生存型创业者的平均年龄	100	A. 24 岁以下。 B. 25—29 岁。 C. 30—34 岁。 D. 35—39 岁。 E. 40 岁以上
				综合型创业者年龄	0.3	综合型创业者的平均年龄	100	A. 24 岁以下。 B. 25—29 岁。 C. 30—34 岁。 D. 35—39 岁。 E. 40 岁以上

一级指标	权重	二级指标	权重	三级指标	权重	指标内容	指标值	打分方法
创业带动就业效应	1/14	创业者的年龄	0.1	机会型创业者年龄	0.5	机会型创业者的平均年龄	100	A. 24 岁以下。 B. 25—29 岁。 C. 30—34 岁。 D. 35—39 岁。 E. 40 岁以上
		创业公司的成长年限	0.2	生存型创业公司的成长年限	0.2	生存型创业公司自成立至今的平均成长年限	100	A. 4 年。 B. 2—3 年。 C. 5 年。 D. 6 年以上。 E. 0—1 年
				综合型创业公司的成长年限	0.3	综合型创业公司自成立至今的平均成长年限	100	A. 4 年。 B. 2—3 年。 C. 5 年。 D. 6 年以上。 E. 0—1 年
				机会型创业公司的成长年限	0.5	机会型创业公司自成立至今的平均成长年限	100	A. 4 年。 B. 2—3 年。 C. 5 年。 D. 6 年以上。 E. 0—1 年

一级指标	权重	二级指标	权重	三级指标	权重	指标内容	指标值	打分方法
创业带动就业效应	1/14	政府扶持力度	0.1	国家级	0.4	国家级政府扶持力度	100	A. 支持力度很强 B. 支持力度较强 C. 支持力度一般 D. 支持力度较弱 E. 支持力度很弱
				省级	0.3	省级政府扶持力度	100	A. 支持力度很强 B. 支持力度较强 C. 支持力度一般 D. 支持力度较弱 E. 支持力度很弱
				市级	0.2	市级政府扶持力度	100	A. 支持力度很强 B. 支持力度较强 C. 支持力度一般 D. 支持力度较弱 E. 支持力度很弱
				本校	0.1	本校扶持力度	100	A. 支持力度很强 B. 支持力度较强 C. 支持力度一般 D. 支持力度较弱 E. 支持力度很弱

一级指标	权重	二级指标	权重	三级指标	权重	指标内容	指标值	打分方法
创业带动就业效应	1/14	创业企业个数	0.1	采集冶炼类	0.1	采集冶炼类创业企业个数	100	A. 20 个以上。 B. 16—20 个。 C. 11—15 个。 D. 5—10 个。 E. 5 个以下
				移动转移类	0.2	移动转移类创业企业个数	100	A. 20 个以上。 B. 16—20 个。 C. 11—15 个。 D. 5—10 个。 E. 5 个以下
				顾客服务类	0.3	顾客服务类创业企业个数	100	A. 20 个以上。 B. 16—20 个。 C. 11—15 个。 D. 5—10 个。 E. 5 个以下
				商业服务类	0.4	商业服务类创业企业个数	100	A. 20 个以上。 B. 16—20 个。 C. 11—15 个。 D. 5—10 个。 E. 5 个以下

一级指标	权重	二级指标	权重	三级指标	权重	指标内容	指标值	打分方法
创业带动就业效应	1/14	大学生创业培训程度	0.1	学校普及教育	0.2	学校创业普及教育培训程度	100	A. 参加了整体系统培训；B. 参加过半系统培训；C. 参与主体内容培训；D. 参与培训；E. 培训不足
				创业学院培训	0.3	创业学院培训程度	100	A. 参加了整体系统培训；B. 参加过半系统培训；C. 参与主体内容培训；D. 参与培训；E. 培训不足
				社会专业机构培训	0.5	社会创业专业机构培训程度	100	A. 参加了整体系统培训；B. 参加过半系统培训；C. 参与主体内容培训；D. 参与培训；E. 培训不足

说明：评价等级分 A、B、C、D、E 五级，其系数分别为 100 分、80 分、60 分、40 分、20 分

附表 2—6　　　　大学生创业教育课程指标体系

一级指标	权重	二级指标	权重	三级指标	权重	指标内容	指标值	打分方法
创业教育	1/14	课程设置	0.1	课程与专业融入度	0.2	创业教育课程融入专业教学大纲的计划内容的程度	100	A. 以必修课体现；B. 以选修课体现；C. 以就业课体现；D. 以讲座报告体现；E. 没有体现
				课程的比重	0.2	创业课程课时占专业总课时的比例	100	A.2%（含）以上；B.1.5%—2%（含）；C.1%—1.5%（含）；D.0.5%—1%（含）；E.0.5%以下
				学生参与度	0.2	毕业班学生在校期间参加教学大纲安排的创业教育课程学习的人数占毕业班总人数的比例	100	A.90%（含）以上；B.90%—80%（含）；C.80%—70%（含）；D.70%—60%（含）；E.60%以下
				理论实践课程比例	0.2	创业理论课程与实践课程的比例	100	A.1：0.9 以上（含）；B.1：0.9—0.7（含）；C.1：0.7—0.5（含）；D.1：0.5—0.3（含）；E.1：0.3以下
				校内外课程的比例	0.2	创业校内课程与校外课程的比例	100	A.1：0.9 以上（含）；B.1：0.9—0.7（含）；C.1：0.7—0.5（含）；D.1：0.5—0.3（含）；E.1：0.3以下

一级指标	权重	二级指标	权重	三级指标	权重	指标内容	指标值	打分方法
创业教育	1/14	课程内容	0.25	内容选择	0.4	创业教育课程内容适用、全面，涉及创业意识培养类课程、创业品质培养类课程、创业理论知识类课程、创业实践能力培养类课程等	100	内容全面的程度从大到小分别为：A、B、C、D、E
				校内实践	0.25	学生参加校内创业实践类活动多，选择余地大。如校内社团活动、创业计划大赛、创业创新科研平台、大学生创业孵化平台等	100	校内创业实践类活动多，选择余地大的可能性从大到小分别为：A、B、C、D、E
				校外实践	0.15	学生参加校外创业实践类活动多，选择余地大，如校外勤工俭学机会、工学结合机会、参与校外活动机会等	100	校外创业实践类活动多，选择余地大的可能性从大到小分别为：A、B、C、D、E
				教材选用	0.1	创业课程教材选用合适、适用	100	教材适用性强的可能性从大到小分别为：A、B、C、D、E
				考核方式	0.1	创业课程考核方式灵活，过程考核和结果考核相结合，考核结果能充分体现学生的学习成效	100	考核结果能充分体现学生学习成效的可能性从大到小分别为：A、B、C、D、E

一级指标	权重	二级指标	权重	三级指标	权重	指标内容	指标值	打分方法
创业教育	1/14	课程实施方法和手段	0.25	教学设计	0.32	创业课程教学设计合理、思路清晰	100	教学设计合理、思路清晰的可能性从大到小分别为：A、B、C、D、E
				教学方法	0.24	创业课程教学方法多样，能运用案例教学、分组讨论、角色扮演、实地考察等教学方法，具有实效性	100	教学方法多样，教学效果好的可能性从大到小分别为：A、B、C、D、E
				教学手段	0.24	充分运用现代教育技术、网络技术等教学手段，提高学生学习积极性	100	教学手段先进，学生学习兴趣高的可能性从大到小分别为：A、B、C、D、E
				教学环境	0.2	校内创业宣传氛围及大学生创业专门网站建设等创业教育环境	100	教学环境优的可能性从大到小分别为：A、B、C、D、E
		课程队伍建设	0.2	主讲教师	0.5	主讲教师的师德高尚和教学能力、行业和企业工作经验、创业经验等情况	100	主讲教师评价高的可能性从大到小分别为：A、B、C、D、E
				专兼职教师结构	0.1	创业教育专兼职教师比例情况	100	A.1：0.9 以上（含）；B.1：0.9—0.7（含）；C.1：0.7—0.5（含）；D.1：0.5—0.3（含）；E.1：0.3以下

一级指标	权重	二级指标	权重	三级指标	权重	指标内容	指标值	打分方法
创业教育	1/14	课程队伍建设	0.2	兼职教师结构	0.2	来自行业企业的兼职教师与校内兼职教师的比例情况	100	A.1∶0.3 以下；B.1∶0.5—0.3（含）；C.1∶0.7—0.5（含）；D.1∶0.9—0.7（含）；E.1∶0.9 以上（含）。
				校外教师工作量	0.2	行业企业兼职教师承担课程的课时量占总课时量的比例情况	100	A.50% 及 以 上；B.50%—40%（含）； C.40%—30% （ 含 ）；D.30%—20%（含）;E.20%以下
		课程实施的实践条件	0.1	校内实训条件	0.6	校内创业实训条件情况	100	校内实训条件很好的可能性从大到小分别为：A、B、C、D、E
				校外实习环境	0.4	校外创业实训条件情况	100	校外实训条件很好的可能性从大到小分别为：A、B、C、D、E
		课程实施效果	0.1	学生满意度评价	0.2	学生对创业教育的满意度	100	学生满意度评价高的可能性从大到小分别为：A、B、C、D、E
				社会满意度评价	0.2	用人单位对毕业一年时毕业生的满意度	100	用人单位满意度很好的可能性从大到小分别为：A、B、C、D、E

续表

一级指标	权重	二级指标	权重	三级指标	权重	指标内容	指标值	打分方法
创业教育	1/14	课程实施效果	0.1	在校生创业情况	0.2	毕业班学生自主创业的人数占毕业生总人数的比例	100	A. 高于全省同类高校在校大学生自主创业率平均值1%及以上；B. 等于全省同类高校在校大学生自主创业率平均值；C. 低于全省同类高校在校大学生自主创业率平均值至0.5%（含）；D. 低于全省同类高校在校大学生自主创业率平均值0.5%—1%；E. 低于全省同类高校在校大学生自主创业率平均值1%（含）以上
				学生创业意愿	0.4	学生毕业5年内打算自主创业的意愿程度	100	意愿强的可能性从大到小分别为：A、B、C、D、E

说明：评价等级分 A、B、C、D、E 五级，其系数分别为 100 分、80 分、60 分、40 分、20 分

附表 2—7　　　　　　　　　　工学结合程度指标

一级指标	权重	二级指标	权重	三级指标	权重	指标内容	指标值	打分方法
工学结合程度	1/14	引进社会资源	0.5	订单式培养	0.2	企业与学校合作订单式培养创业学生数占在校生人数比例	100	小于 3.5‰ 得 20 分；小于 4‰ 得 40 分；小于 4.5‰ 得 60 分；小于 5‰ 得 80 分；≥ 5‰ 得 100 分。

一级指标	权重	二级指标	权重	三级指标	权重	指标内容	指标值	打分方法
工学结合程度	1/14	引进社会资源	0.5	社会企业入驻创业园	0.2	社会企业入驻创业园数量	100	数量越多，得分越高，与工学结合程度成正比。0＜数量≤5得20分；5＜数量≤10得40分；10＜数量≤15得60分；15＜数量≤20得80分；数量＞20得100分
				兼职创业指导教师数量	0.15	企业指导教师人数与创业学生数的比例	100	比例越大，得分越高，与工学结合程度成正比。1/50得20分；1/40得40分；1/30得60分；1/20得80分；1/10得100分
				兼职创业指导教师质量层次	0.15	兼职创业指导教师中、高级职称（技能）占总指导教师比例	100	10%得20分；15%得40分；20%得60分；25%得80分；≥30%得100分
				兼职创业指导教师指导时间	0.15	每学年人均工作总课时数	100	工作时间越多，得分越高，与工学结合程度成正比。时间≤10得20分；10＜时间≤20得40分；20＜时间≤30得60分；30＜时间≤40得80分；时间＞40得100分
				兼职创业指导教师指导效果	0.15	兼职创业指导教师指导获得学生满意程度	100	10%得20分；20%得40分；30%得60分；40%得80分；≥50%得100分

一级指标	权重	二级指标	权重	三级指标	权重	指标内容	指标值	打分方法
工学结合程度	1/14	服务社会	0.5	校外实践课程设置	0.2	校外实践课时数占总课时数的比例	100	比重越大,得分越高,与工学结合程度成正比。小于 5‰得 20 分;小于 10‰得 40 分;小于 15‰得 60 分;小于 20‰得 80 分;≥20‰得 100 分
				校外实习基地数量	0.2	校外实习基地数量	100	数量越多,得分越高,与工学结合程度成正比。0 < 数量 ≤ 5 得 20 分;5 < 数量 ≤ 10 得 40 分;10 < 数量 ≤ 15 得 60 分;15 < 数量 ≤ 20 得 80 分;数量 > 20 得 100 分
				参加校外实践基地学生数量	0.3	参加校外实践基地学生人数占全体学生数的比例	100	比重越大,得分越高,与工学结合程度成正比。10% 得 20 分;20% 得 40 分;30% 得 60 分;40% 得 80 分;≥50% 得 100 分
				学生创业服务社会项目数	0.15	创业学生服务社会项目数占创业学生总项目数的比例	100	比例越高,得分越高,与工学结合程度成正比。10% 得 20 分;20% 得 40 分;30% 得 60 分;40% 得 80 分;≥50% 得 100 分
				学生创业成果转化社会效益	0.15	学生创业成果转化社会经济效益情况	100	转化率越高,得分越高,与工学结合程度成正比。10% 得 20 分;20% 得 40 分;30% 得 60 分;40% 得 80 分;≥50% 得 100 分

附表 2—8　　　　　　　　大学生创业校内环境指标体系

一级指标	权重	二级指标	权重	三级指标	权重	指标内容	指标值	打分方法
校内环境	1/14	校园创业文化	0.16	创业导向	0.4	学校将创业作为比较理想的职业选择人数与在校生比例	100	3‰~5‰得 20 分；5‰~7‰得 40 分；7‰~9‰得 60 分；9‰~11‰得 80 分；≥11‰得 100 分。
				创业价值	0.3	学生认为创业的成功者应享有社会地位和威望的人数与在校生人数的比例	100	3‰~5‰得 20 分；5‰~7‰得 40 分；7‰~9‰得 60 分；9‰~11‰得 80 分；≥11‰得 100 分。
				创业氛围	0.3	学校创业宣传次数与规格占学校总体宣传次数与规格的比例	100	10%~20%得 20 分；20%~30%得 40 分；30%~40%得 60 分；40%~50%得 80 分；≥50%得 100 分。
		学校创业政策与保障机制	0.16	创业政策	0.3	学校创业政策支持与实施的数量	100	1~5 项得 20 分；6~10 项得 40 分；11~15 项得 60 分；16~20 项得 80 分；≥20 项得 100 分。
				创业机构	0.2	学校创业技术指导机构设置与效能执行程度	100	合并设置创业机构得 20 分；合并设置创业机构且执行力较强得 40 分；单独设置创业机构且执行力一般得 60 分；单独设置创业机构且执行力较强得 80 分；单独设置创业机构且执行力较强得 100 分。
				创业专职人员	0.2	学校创业专职技术管理人数与在校学生人数的比例	100	0.5/10000~1/10000 得 20 分；1/10000~2/10000 得 40 分；2/10000~3/10000 得 60 分；3/10000~4/10000 得 80 分；≥4/10000 得 100 分。

一级指标	权重	二级指标	权重	三级指标	权重	指标内容	指标值	打分方法
校内环境	1/14	学校创业政策与保障机制	0.16	创业经费	0.2	学校创业指导经费投入（元）与在校学生人数的比例	100	30/1～40/1 得 20 分；40/1～50/1 得 4 分；50/1～60/1 得 60 分；60/1～70/1 得 80 分；≥70/1 得 100 分。
				创业教育研究	0.1	学校创业教育专项研究项目层次或项数	100	基层（校）课题 1 项得 20 分；基层（校）课题 2 项得 40 分；市（厅）级 1 项（或下一级 3 项）得 60 分；省（部）级 1 项（或下一级 3 项）得 80 分；国家级 1 项（或下一级 3 项）得 100 分。
		创业教育与培训	0.2	创业普及教育	0.2	学校创业普及教育大学生与在校生人数的比例	100	1%～5%得 20 分；5%～10%得 40 分；10%～15%得 60 分；15%～20%得 80 分；≥20%得 100 分。
				创业提高教育	0.3	学校创业提高教育（培训）大学生与在校学生人数的比例	100	2.5%～3.0%得 20 分；3.0%～3.5%得 40 分；3.5%～4.0%得 60 分；4.0%～4.5%得 80 分；≥4.5%得 100 分。
				创业精英教育	0.3	学校创业精英教育（培训）大学生与在校生人数的比例	100	0.5%～1.0%得 20 分；1.0%～1.5%得 40 分；1.5%～2.0%得 60 分；2.0%～2.5%得 80 分；≥2.5%得 100 分。
				创业指导教师教育	0.2	学校创业指导教师自身教育（培训）人数与在岗在册教职工人数的比例	100	1‰～2‰得 20 分；2‰～3‰得 40 分；3‰～4‰得 60 分；4‰～5‰得 80 分；≥5‰得 100 分。

一级指标	权重	二级指标	权重	三级指标	权重	指标内容	指标值	打分方法
校内环境	1/14	投入有形基础设施	0.16	校内创业园区设备	0.3	学校投入校园创业工作室硬件配备资金（元）与在校学生人数的比例	100	1/1~100/1 得20分；100/1~500/1 得40分；500/1~1000/1 得60分；1000/1~1500/1 得80分；≥1500/1 得100分。
				校外创业园区设备	0.2	学校投入校外创业工作室设备资金（元）与在校学生人数的比例	100	1/1~100/1 得20分；100/1~200/1 得40分；200/1~300/1 得60分；300/1~400/1 得80分；≥400/1 得100分。
				校内创业园区面积	0.3	校内创业园区面积（平方米）与在校学生人数的比例	100	3%~6% 得20分；6%~9% 得40分；9%~12% 得60分；12%~15% 得80分；≥15% 得100分。
				校外创业园区面积	0.2	学校设在校外创业场地面积（平方米）与在校学生人数的比例	100	0.1%~1% 得20分；1%~2% 得40分；2%~3% 得60分；3%~4% 得80分；≥4% 得100分。
		创业基金（资金）支持	0.12	创业者自筹资金	0.3	创业者自身资金投入金额（元）与在校学生人数的比例	100	10/1~50/1 得20分；50/1~100/1 得40分；100/1~150/1 得60分；150/1~200/1 得80分；≥200/1 得100分。
				创业者获得学校无偿资金	0.3	创业者获得学校无偿支持资金（元）与在校生人数比例	100	20/1~40/1 得20分；40/1~60/1 得40分；60/1~80/1 得60分；80/1~100/1 得80分；≥100/1 得100分。

一级指标	权重	二级指标	权重	三级指标	权重	指标内容	指标值	打分方法
校内环境	1/14	创业基金（资金）支持	0.12	创业者获得社会无偿资金	0.2	创业者通过学校获得社会无偿支持资金（元）与在校生人数比例	100	10/1～100/1 得20分；100/1～200/1 得40分；200/1～300/1 得60分；300/1～400/1 得80分；≥400/1 得100分。
				创业者获得有偿资金	0.2	创业者通过学校获得有偿资金（元）支持与在校生人数比例	100	20/1～30/1 得20分；30/1～40/1 得40分；40/1～50/1 得60分；50/1～60/1 得80分；≥60/1 得100分。
		相关科研成果转化	0.12	学校知识产权转化为创业项目数	0.3	学校自行研发的专利权、商标权转移给大学生创业的项目数与在校生人数的比例	100	3/10000～6/10000 得20分；6/10000～9/10000 得40分；9/10000～12/10000 得60分；12/10000～15/10000 得80分；≥15/10000 得100分。
				学校非产权智力成果转化为创业项目数	0.3	学校将研发的非专利技术及其他智力成果转化为大学生创业项目数与在校生人数的比例	100	3/10000～6/10000 得20分；6/10000～9/10000 得40分；9/10000～12/10000 得60分；12/10000～15/10000 得80分；≥15/10000 得100分。
				学校科研手段转化为创业项目数	0.3	学校将科技研发手段、途径、方法或设备转化为大学生创业的项目数与在校生人数的比例	100	0.5/10000～1/10000 得20分；1/10000～2/10000 得40分；2/10000～3/10000 得60分；3/10000～4/10000 得80分；≥4/10000 得100分。
				学校引用社会科研成果转化为创业项目数	0.1	通过学校引用社会科研成果转化为大学生创业的项目数与在校生人数的比例	100	0.5/10000～1/10000 得20分；1/10000～2/10000 得40分；2/10000～3/10000 得60分；3/10000～4/10000 得80分；≥4/10000 得100分。

一级指标	权重	二级指标	权重	三级指标	权重	指标内容	指标值	打分方法
校内环境	1/14	创业产业关联度	0.08	创业专业相关度	0.4	大学生利用所学相同或相近专业创业项目数与在校生人数比例	100	0.5‰～1‰得20分；1‰～2‰得40分；2‰～3‰得60分；3‰～4‰得80分；≥4‰得100分。
				创业与社会企业合作度	0.3	大学生同社会企业合作项目数及参与社会产业链活动紧密创业项目数与在校生人数比例	100	0.5‰～1‰得20分；1‰～2‰得40分；2‰～3‰得60分；3‰～4‰得80分；≥4‰得100分。
				创业带动就业度	0.3	大学生所创项目带动相同专业或相近创业学生就业数与在校生人数比例	100	1/10000～5/10000得20分；5/10000～10/10000得40分；10/10000～15/10000得60分；15/10000～20/10000得80分；≥20/10000得100分。

附表 2—9　大学生创业专业指导师队伍的质与量指标体系

一级指标	权重	二级指标	权重	三级指标	权重	指标内容	指标值	打分方法
专业指导教师队伍的质与量	1/14	指导教师数量	0.25	专职创业师资	0.4	校内专职创业专业指导教师数与在校生数的比例	100	1/20000～1/10000得20分；1/10000～2/10000得40分；2/10000～3/10000得60分；3/10000～4/10000得80分；≥4/10000得100分。
				校内兼职创业师资	0.3	校内兼职创业指导专业教师数与在校生数的比例	100	0.05%～0.10%得20分；0.10%～0.15%得40分；0.15%～0.20%得60分；0.20%～0.25%得80分；≥0.25%得100分。

一级指标	权重	二级指标	权重	三级指标	权重	指标内容	指标值	打分方法
专业指导教师队伍的质与量	1/14	指导师数量	0.25	校外兼职创业师资	0.3	校外兼职创业指导教师数与在校生数的比例	100	0.01%~0.05%得20分；0.05%~0.06%得40分；0.06%~0.07%得60分；0.07%~0.08%得80分；≥0.08%得100分。
		教育背景	0.15	创业师资学历层次	0.3	专兼职创业专业教师拥有本科和研究生（或学位）合计达到标准人数与专兼职创业专业教师人数的比例	100	60%~70%得20分；70%~80%得40分；80%~90%得60分；90%~100%得80分；≥100%得100分。
				创业师资专业匹配比	0.4	符合大学生创业专业需要的专兼职创业专业教师人数与专兼职创业专业教师人数的比例相符（或相关）度	100	40%~50%得20分；50%~60%得40分；60%~70%得60分；70%~80%得80分；≥80%得100分。
				创业师资阅历	0.3	专兼职创业专业教师有企业创业（或企业管理）经验人数与专兼职创业专业教师人数的比例	100	30%~40%得20分；40%~50%得40分；50%~60%得60分；60%~70%得80分；≥70%得100分。
		专业技术与技能	0.15	创业师资专业技术职务	0.3	专兼职创业专业教师拥有中高级专业技术职务人数与专兼职创业专业教师人数的比例	100	20%~40%得20分；40%~60%得40分；60%~80%得60分；80%~100%得80分；≥100%得100分。
				创业师资专业技能	0.2	专兼职创业专业指导教师拥有中高级专业技能人数与专兼职创业专业教师人数的比例	100	20%~40%得20分；40%~60%得40分；60%~80%得60分；80%~100%得80分；≥100%得100分。

续表

一级指标	权重	二级指标	权重	三级指标	权重	指标内容	指标值	打分方法
专业指导教师队伍的质与量	1/14	专业技术与技能	0.15	中高级创业师资比重	0.3	符合大学生创业中高级专业技术（或技能）需要的专兼职创业专业指导教师人数与专兼职创业专业指导教师人数的比例	100	20%～40%得20分；40%～60%得40分；60%～80%得60分；80%～100%得80分；≥100%得100分。
				双师型创业师资比重	0.2	专兼职创业专业指导教师拥有两项以上专业技术职称（或技能）人数与专兼职创业专业指导教师人数的比例	100	20%～40%得20分；40%～60%得40分；60%～80%得60分；80%～100%得80分；≥100%得100分。
		师资培训与进修	0.2	A_4-1创业师资专业培训	0.4	校内专兼职创业专业指导教师参加指导师专业培训（18课时以上）人数与在校生人数的比例	100	0.005%～0.01%得20分；0.01%～0.02%得40分；0.02%～0.03%得60分；0.03%～0.04%得80分；≥0.04%得100分。
				创业师资相关培训	0.3	校内专兼职创业专业指导教师参加各类与创业指导相关的培训人数与在校生人数的比例	100	0.1‰～0.5‰得20分；0.5‰～1‰得40分；1‰～1.5‰得60分；1.5‰～2‰得80分；≥2‰得100分。
				创业师资企业挂职	0.3	校内专兼职创业专业指导教师到企业挂职学习（60课时以上）人数与在校生人数的比例	100	4/10000～5/10000得20分；5/10000～6/10000得40分；6/10000～7/10000得60分；7/10000～8/10000得80分；≥8/10000得100分。
		智力成果转化	0.13	创业指导教师智力成果转化	0.4	专兼职创业专业指导教师智力成果转化项目数与在校生人数的比例	100	0.1%～0.2%得20分；0.2%～0.3%得40分；0.3%～0.4%得60分；0.4%～0.50%得80分；≥0.5%得100分。

续表

一级指标	权重	二级指标	权重	三级指标	权重	指标内容	指标值	打分方法
专业指导教师队伍的质与量	1/14	智力成果转化	0.13	创业指导教师获取资助	0.3	专兼职创业专业指导教师对接社会企业获取资金（基金）数额（百元）与在校生人数的比例	100	1：1～2：1得20分；2：1～3：1得40分；3：1～4：1得60分；4：1～5：1得80分；≥5：1得100分。
				创业指导教师获取合作创业项目	0.3	专兼职创业专业指导教师获取合作创业项目数与在校生人数的比例	100	0.05%～0.06%得20分；0.06%～0.07%得40分；0.07%～0.08%得60分；0.08%～0.09%得80分；≥0.09%得100分。
		相关科研成果转化	0.12	创业师资扶持初创团队	0.3	专兼职创业专业指导教师扶持初创团队数与在校生人数的比例	100	10‰～12‰得20分；12‰～14‰得40分；14‰～16‰得60分；16‰～18‰得80分；≥18‰得100分。
				创业师资辅导成功团队	0.3	专兼职创业专业指导教师辅导成功团队（持续6—42个月）数与在校生人数的比例	100	5‰～10‰得20分；10‰～15‰得40分；15‰～20‰得60分；20‰～25‰得80分；≥25‰得100分。
				创业师资辅导团队获取经济效益	0.2	专兼职创业专业指导教师辅导创业团队获取经济效益数额与在校生人数的比例	100	200：1～250：1得20分；250：1～300：1得40分；300：1～350：1得60分；350：1～400：1得80分；≥400：1得100分。
				创业师资辅导团队获取社会效益	0.2	专兼职创业专业指导教师辅导创业团队为社会带动就业人数与在校生人数的比例	100	0.4%～0.5%得20分；0.5%～0.6%得40分；0.6%～0.7%得60分；0.7%～0.8%得80分；≥0.8%得100分。

附表 2—10　　　　大学生创业教育教学理念指标体系

一级指标	权重	二级指标	权重	三级指标	权重	指标内容	指标值	打分方法
创业教育理念	1/14	创业教育理念	0.4	创业教育课程体系的完整性	0.5	完整性的主观评价	20	使用 4、8、12、16、20 赋值。赋值小表示该指标的的程度或可能性小；反之，赋值大表示该指标的程度或可能性大
						课程量	80	一门课程计 20 分，增加一门增计 20 分，≥4 门计 80 分
				创业教育课程的课时	0.5	普及教育的课时量	50	每人年平均 1 课时计 10 分，≥5 课时计 50 分
						精英班教育的课时量	50	每人年平均 1 课时计 20 分，≥2.5 课时计 50 分
		创业实践课程	0.4	创业计划竞赛	0.3	对频度的主观评价	100	使用 20、40、60、80、100 赋值，赋值小表示该指标的程度或可能性小；反之，赋值大表示该指标的程度或可能性大
				开展创造发明活动	0.3	对频度的主观评价	100	使用 20、40、60、80、100 赋值，赋值小表示该指标的程度或可能性小；反之，赋值大表示该指标的程度或可能性大
				试办小型企业量	0.4	新办小企业的数量	100	使用 20、40、60、80、100 赋值，赋值小表示该指标的程度或可能性小；反之，赋值大表示该指标的程度或可能性大

续表

一级指标	权重	二级指标	权重	三级指标	权重	指标内容	指标值	打分方法
创业教育理念	1/14	对创业成就或行为的支持	0.2	对创业学生的表彰	0.5	对频度的主观评价	100	使用 20、40、60、80、100 赋值，赋值小表示该指标的的程度或可能性小；反之，赋值大表示该指标的程度或可能性大
				对支持学生创业的教师的表彰	0.5	对频度的主观评价	100	使用 20、40、60、80、100 赋值，赋值小表示该指标的的程度或可能性小；反之，赋值大表示该指标的程度或可能性大

附表 2—11   大学生创业与创业教育活动中创新特色指标体系

一级指标	权重	二级指标	权重	三级指标	权重	指标内容	指标值	打分方法
创新特色	1/14	对于机会型创业支持特色	0.25	创业课程中有无关于创业商机的独立教学模块	0.8	创业课程的课时数	100	大于 4 课时，得 100 分；等于 4 课时，得 90 分；等于 3 课时，得 80 分；等于 2 课时，得 70 分；等于 1 课时，得 60 分；小于 1 课时，得 0 分

一级指标	权重	二级指标	权重	三级指标	权重	指标内容	指标值	打分方法
创新特色	1/14	对于机会型创业支持特色	0.25	是否只考虑机会型创业项目入驻学校大学生创业园	0.2	是与否	100	是,得100分;否,得0分
		对高成长型创业企业的政策倾斜	0.25	是否对入驻大学生创业园的项目进行定期业绩考核	0.5	对入驻大学生创业园的项目进行定期业绩考核的程度	100	1. 有定期业绩评定,得50分;2. 有定期基于业绩的退园制度,得30分;3. 定期对业绩出色企业给予表彰和奖励,得20分
				是否为高成长型创业项目加配资源	0.5	为高成长型创业项目加配资源的状况	100	1. 为高成长型企业提供过融资支持,得50分;2. 有为高成长型企业提供融资支持的制度,得30分;3. 可以为高成长型企业配备导师,得20分

一级指标	权重	二级指标	权重	三级指标	权重	指标内容	指标值	打分方法
创新特色	1/14	政策上表现出来的对知识产权的重视程度	0.25	是否开展知识产权知识教育	0.7	开展知识产权知识教育的状况	100	1. 一年内专门开设过知识产权相关课程，得70分；2. 一年内举办过知识产权相关讲座，得30分
				是否对申请知识产权的大学生项目有专门补助或奖励	0.3	有与无	100	有，得100分；无，得0分
		对新型创业模式的关注	0.25	创业课程中有无关于创业模式创新的独立教学模块	0.6	创业课程的课时数	100	大于4课时，得100分；等于4课时，得90分；等于3课时，得80分；等于2课时，得70分；等于1课时，得60分；小于1课时，得0分
				是否开展新型创业模式知识教育	0.4	开展新型创业模式知识教育的状况	100	1. 一年内专门开设过创业模式创新相关课程，得70分；2. 一年内举办过创业模式创新相关讲座，得30分

附表 2—12　　　　　**大学生创业绩效指标体系**

一级指标	权重	二级指标	权重	三级指标	权重	指标内容	指标值	打分方法
创业绩效	1/14	财务绩效	0.6	利润增长率	0.2	本年度利润与上年度利润总额的比率减 1	100	小于 1% 得 20 分；小于 10% 得 40 分；小于 20% 得 60 分；小于 30% 得 80 分；≥30% 得 100 分
				销售收入增长率	0.2	本年度销售收入与上年度销售收入的比率减 1	100	小于 1% 得 20 分；小于 10% 得 40 分；小于 20% 得 60 分；小于 30% 得 80 分；≥30% 得 100 分
				总资产收益率	0.2	净利润占平均资产总额的百分比	100	小于 5% 得 20 分；小于 7% 得 40 分；小于 9% 得 60 分；小于 11% 得 80 分；≥11% 得 100 分
				投资回报率	0.2	年均利润占投资总额的百分比	100	小于 5% 得 20 分；小于 7% 得 40 分；小于 9% 得 60 分；小于 11% 得 80 分；≥11% 得 100 分
				销售利润率	0.2	利润总额占营业收入的百分比	100	小于 5% 得 20 分；小于 7% 得 40 分；小于 9% 得 60 分；小于 11% 得 80 分；≥11% 得 100 分
		非财务绩效	0.4	顾客忠诚度	0.25	顾客偏爱并长期重复购买企业产品或服务的程度	100	五级制量表打分，赋值小表示该指标所代表的事实存在的可能性小；反之，赋值大表示该指标所代表的事实存在的可能性大。最高分赋值 100 分，其余按比例缩小

一级指标	权重	二级指标	权重	三级指标	权重	指标内容	指标值	打分方法
创新绩效	1/14	非财务绩效	0.4	公司成长性	0.25	公司规模增长	50	五级制量表打分，赋值小表示该指标所代表的事实存在的可能性小；反之，赋值大表示该指标所代表的事实存在的可能性大。最高分赋值50分，其余按比例缩小
						公司创新能力的增长	50	五级制量表打分，赋值小表示该指标所代表的事实存在的可能性小；反之，赋值大表示该指标所代表的事实存在的可能性大。最高分赋值50分，其余按比例缩小
				员工承诺度	0.25	员工对企业的感情承诺	40	五级制量表打分，赋值小表示该指标所代表的事实存在的可能性小；反之，赋值大表示该指标所代表的事实存在的可能性大。最高分赋值40分，其余按比例缩小

续表

一级指标	权重	二级指标	权重	三级指标	权重	指标内容	指标值	打分方法
创新绩效	1/14	非财务绩效	0.4	员工承诺度	0.25	员工对企业的继续承诺	30	五级制量表打分，赋值小表示该指标所代表的事实存在的可能性小；反之，赋值大表示该指标所代表的事实存在的可能性大。最高分赋值30分，其余按比例缩小
						员工对企业的规范承诺	30	五级制量表打分，赋值小表示该指标所代表的事实存在的可能性小；反之，赋值大表示该指标所代表的事实存在的可能性大。最高分赋值30分，其余按比例缩小
				社会效益	0.25	创业带动的就业人数占在校生人数的比例（1/10000）	40	$0 \leqslant$ 比例 < 10 得 5 分；$10 \leqslant$ 比例 < 20 得 10 分；$20 \leqslant$ 比例 < 30 得 20 分；$30 \leqslant$ 比例 < 40 得 30 分；比例 40 以上得 40 分

一级指标	权重	二级指标	权重	三级指标	权重	指标内容	指标值	打分方法
创新绩效	1/14	非财务绩效	0.4	社会效益	0.25	对氛围的影响	30	五级制量表打分，赋值小表示该指标所代表的事实存在的可能性小；反之，赋值大表示该指标所代表的事实存在的可能性大。最高分赋值30分，其余按比例缩小
						人才吸纳情况	30	五级制量表打分，赋值小表示该指标所代表的事实存在的可能性小；反之，赋值大表示该指标所代表的事实存在的可能性大。最高分赋值30分，其余按比例缩小

附录三 调查问卷

大学生创业调查问卷 A（创业学生）

同学您好！

为了进一步加强学校创业教育的系统化、科学化、规范化，促进学生创新创业能力的培养，特做本次专项调查。本次调查是匿名调查，纯属学术研究，感谢您的合作！

说明：按照创业学生的 50% 抽样调查。

1. 您就读学校类别是

A.□高职；　　B.□专科；　　C.□本科；　　D.□研究生。

2. 您就读年级是

A.□大一；　　B.□大二；　　C.□大三；　　D.□大四或以上。

3. 您的性别是

A.□男；　　B.□女。

4. 您所在学校是否设置创业机构与执行力度

A.□单独设置创业机构且执行力强；

B.□单独设置创业机构且执行力较强；

C.□单独设置创业机构且执行力一般；

D.□合并设置创业机构且执行力较强；

E.□有合并设置创业机构。

5. 您创业的费用来自生活费积累的有_____万元。

6. 您创业的费用来自校内兼职的收入有_____万元。

7. 您创业的费用来自校外兼职的收入有_____万元。

8，您创业的费用来自进大学以前创业获利的资金有_____万元。

9. 您创业的费用来自奖学金和其他奖金的有_____万元。

10. 您创业的费用来自父母的投入有_____万元。

11. 您创业的费用来自兄弟姐妹的投入有_____万元。

12. 您创业的费用来自朋友、同学的投入有_____万元。

13. 您创业的费用来自亲属的投入有_____万元。

14. 您创业的费用来自非亲朋关系的投入有_____万元。

15. 您创业的费用来自政府资本的投入有_____万元。

16. 您创业的费用来自银行贷款的是_____万元。

17. 您创业的费用来自专业投资机构投入的有_____万元。

18. 您创业的费用来自养老基金投入的是_____万元。

19. 您创业的费用来自保险和其他基金投入的是_____万元。

20. 您创业的费用来自压岁钱积累的有_____万元。

21. 您公司利润增长率是_____%；销售收入增长率是_____%；总资产收益率是_____%；投资回报率是_____%；销售利润率是_____%。

	很同意	同意	一般	不同意	很不同意
22. 当地政府在制定政策时优先考虑大学生创业	□	□	□	□	□
23. 当地政府对新公司创办比较优惠	□	□	□	□	□
24. 政府的科技园或孵化器给大学生创业提供有效支持	□	□	□	□	□

续表

	很同意	同意	一般	不同意	很不同意
25. 大学里设置了足够的关于创业的课程	□	□	□	□	□
26. 新技术新科学和相关知识迅速从高校研究机构向创业企业转移	□	□	□	□	□
27. 政府有力支持大学生研究成果商业化	□	□	□	□	□
28. 有足够的咨询机构为大学生创业提供帮助	□	□	□	□	□
29. 有良好的创业基础设施	□	□	□	□	□
30. 大学生创业能够很容易进入新市场	□	□	□	□	□
31. 反垄断方面的法律有效且得到有力执行	□	□	□	□	□
32. 学校所在地地域文化中非常鼓励创业创新	□	□	□	□	□
33. 学校所在地地域文化中非常鼓励个人的自立、主动、勇于承担责任	□	□	□	□	□
34. 大学生创业资金有充足的来源	□	□	□	□	□
35. 您参加校内创业实践类活动多（如校内社团活动、创业计划大赛、创业创新科研平台、大学生创业孵化平台等）	□	□	□	□	□
36. 您参加校外创业实践类活动多（如校外勤工俭学机会、工学结合机会、参与校外活动机会等）	□	□	□	□	□
37. 您学校创业课程教学方法多样，能运用案例教学、分组讨论、角色扮演、实地考察等教学方法，具有实效性	□	□	□	□	□
38. 您学校内部创业宣传氛围及大学生创业专门网站建设等创业教育环境好	□	□	□	□	□
39. 您对兼职创业指导教师满意	□	□	□	□	□

	很同意	同意	一般	不同意	很不同意
40. 总的来说顾客对我们公司非常信任	□	□	□	□	□
41. 与主要的竞争对手相比，公司总资产增长速度快很多	□	□	□	□	□
42. 与主要的竞争对手相比，公司开发的新产品或服务多很多	□	□	□	□	□
43. 员工觉得对公司有强烈的归属感	□	□	□	□	□
44. 员工留在公司，会得到很好的待遇	□	□	□	□	□
45. 员工认为对公司忠诚非常重要，因此感到有为公司服务的责任感	□	□	□	□	□
46. 成功创业深刻影响本校的创业氛围	□	□	□	□	□
47. 创业成功有助于吸纳更多人才留在本地	□	□	□	□	□
48. 在我校，有相当多创办新公司的好机会	□	□	□	□	□
49. 在我校，创办新公司的好机会较能把握这些机会的人多	□	□	□	□	□
50. 在我校，创办公司的好机会在过去 5 年内大量增长	□	□	□	□	□
51. 在我校，个人可以很容易把握创业机会	□	□	□	□	□
52. 在我校，创办真正高成长公司的好机会相当多	□	□	□	□	□
53. 在我校，许多人知道如何创办及管理高成长型公司	□	□	□	□	□
54. 在我校，许多人知道如何创办及管理一家小公司	□	□	□	□	□

续表

	很同意	同意	一般	不同意	很不同意
55. 在我校，许多人有创办新公司的经验	□	□	□	□	□
56. 在我校，许多人对创办新公司的好机会迅速做出反应	□	□	□	□	□
57. 在我校，许多人有能力组织创办新公司所需的资源	□	□	□	□	□
58. 在我校，创业被视为一个致富的良好途径	□	□	□	□	□
59. 在我校，大多数人将成功创业者作为一项他们希望的职业选择	□	□	□	□	□
60. 在我校，成功创业者享有较高的社会地位和尊重	□	□	□	□	□
61. 在我校，您经常能在公众媒体中看见成功创业的故事	□	□	□	□	□
62. 在我校，大多数人认为创业者是有能力和足智多谋的	□	□	□	□	□

再次感谢您的帮助！

大学生创业调查问卷 B（教师卷）

老师您好！

为了进一步加强学校创业教育的系统化、科学化、规范化，促进学生创新创业能力的培养，特做本次专项调查。本次调查是匿名调查，纯属学术研究，感谢您的合作！

说明：按照所有教师的 5% 抽样调查。

1. 您所在学校类别是

A. □高职；　　B. □专科；　　C. □本科；　　D. □研究生。

2. 您的性别是

A. □男；　　B. □女。

3. 您的职务是

A. □专业课教师；　　B. □基础课教师；　　C. □行政人员；

D. □其他。

4. 您的职称是

A. □高级；　　B. □中级；　　C. □初级；　　D. □未定级。

	很同意	同意	一般	不同意	很不同意
5. 学校创业宣传做得好	□	□	□	□	□
6. 学校开展大学生创业指导教师自身教育（培训）情况好	□	□	□	□	□
7. 学校创业课程教材选用合适	□	□	□	□	□
8. 学校创业课程考核方式灵活，过程考核和结果考核相结合，考核结果能充分体现学生的学习成效	□	□	□	□	□
9. 学校创业课程教学设计合理，思路清晰	□	□	□	□	□
10. 学校对创业学生予以及时表彰	□	□	□	□	□
11. 学校对指导学生创业的老师予以及时表彰并给予较高的奖励	□	□	□	□	□
12. 学校创业教育课程体系完整	□	□	□	□	□
13. 政府的再教育体系为创业做了充分的准备	□	□	□	□	□

再次感谢您的帮助！

大学生创业调查问卷 C（普通学生卷）

同学您好！

为了进一步加强学校创业教育的系统化、科学化、规范化，促进学生创新创业能力的培养，特做本次专项调查。本次调查是匿名调查，纯属学术研究，感谢您的合作！

说明：按照普通学生的 2% 抽样调查。

1. 您就读学校类别是

A. □高职； B. □专科； C. □本科； D. □研究生。

2. 您所在的年级是

A. □大一； B. □大二； C. □大三； D. □大四或以上。

3. 您的性别是

A. □男； B. □女。

	是	否	不确定
4. 您是把创业作为比较理想的职业选择吗	□	□	□
5. 您认为大学生创业成功者应享有一定的社会地位和威望吗？	□	□	□
6. 您是否期望在两年内创办企业	□	□	□
7. 您是否认识在过去两年中创办企业的企业者	□	□	□
8. 您是否认为在随后 6 个月内存在创办企业的良好机会	□	□	□
9. 您是否认为自己具备创办企业的技能和经验	□	□	□
10. 您是否认为对失败的恐惧会妨碍创业	□	□	□

	很同意	同意	一般	不同意	很不同意
11. 您认为大学生创业指导教师运用现代教育技术、网络技术等教学手段情况程度大	□	□	□	□	□

续表

	很同意	同意	一般	不同意	很不同意
12. 学校主讲创业教师的师德、教学能力、行业和企业工作经验、创业经验等情况良好	☐	☐	☐	☐	☐
13. 您对学校内部创业实训条件感觉满意	☐	☐	☐	☐	☐
14. 您对校外创业实训条件感觉满意	☐	☐	☐	☐	☐
15. 您在毕业 5 年内打算自主创业	☐	☐	☐	☐	☐

再次感谢您的帮助！

大学生创业调查问卷 D（学校卷）

老师您好！为了进一步加强学校创业教育的系统化、科学化、规范化，促进学生创新创业能力的培养，特做本次专项调查。本次调查是匿名调查，纯属学术研究，感谢您的合作！

说明：所有题目需要由教务处、学生处、科研处、创业学院等部门分头完成，各个学校不尽相同，请根据本校的实际情况对题目进行划分，然后分别交给各个部门完成。具体方法：将本问卷复制几份，每个部门 1 份，各个部门只选择本部门的题目完成即可。

1. 学校在册在岗教师数_____人。

2. 学校全日制在校学生数 _____人。

3. 学校现有创业学生数_____人。

4. 学校全年在岗在册创业指导教师教育（培训）数_____人，其中：公费创业培训数_____人次，投入资金_____元；校内专兼职创业教师自费创业培训数_____人次。校内专兼职创业专业教师参加各类与创业指导相关的培训人数_____人，其中：校内专兼职创业专业指导教师参加指导教师专业培训（18课时以上）人数_____人；校内专兼职创业专业指导教师到企业挂职学习（60课时以上）_____人。

5. 学校全年科研专利成果_____项，其中：

校级项目_____项，已转化为大学生创业的_____项；

市厅级_____项，已转化为大学生创业的_____项；

省部级_____项，已转化为大学生创业的_____项；

国家级_____项，已转化为大学生创业的_____项。

6. 学校全年研发的非专利技术及其他智力成果_____项，其中：

校级项目_____项，已转化为大学生创业的_____项；

市厅级_____项，已转化为大学生创业的_____项；

省部级_____项，已转化为大学生创业的_____项；

国家级_____项，已转化为大学生创业的_____项。

7. 学校全年将科技研发手段、途径、方法或科研设备转化为大学生创业的项目数_____项。

8. 学校全年有关创业教育专项研究立项数中，校级项目_____个，地市级项目_____个，省部级项目_____个，国家级项目_____个；学校引进社会科研项目转化为大学生创业项目_____个。

9. 创业普及教育大学生数_____人，创业提高班教育（培训）大学生数_____人，创业精英教育（培训）大学生数_____人。

10. 学校全年大学生所创项目带动学生就业数_____人，其中：带动相同或相近专业创业学生就业数_____人。

11. 学校指导创业机构数_____个，其中：专职指导创业机构数_____个。

12. 学校专兼职创业指导教师_____人，其中：高级职称_____人，中级职称_____人。

与大学生专业相匹配的指导教师有_____人。

有企业创业（或企业管理）经验的教师_____人。

具备双项专业技能的教师_____个。

指导科研成果转化_____个；获得社会资助、合作的项目_____个。

13. 专职创业技能型指导教师_____人，其中：

博士_____人，硕士_____人，本科_____人，专科_____人；高级职称_____人，中级职称_____人。

辅导初创创业团队数_____个，其中：成功创业团队数_____个，获取经济效益_____万元。

14. 校内兼职创业技能型指导教师_____人，其中：

博士_____人，硕士_____人，本科_____人，专科_____人；高级职称_____人，中级职称_____人。

指导创业团队数_____个，其中：创业团队成功数_____个，获取经济效益数额_____万元。

15. 校外兼职创业指导教师_____人，其中：

博士_____人，硕士_____人，本科_____人，专科_____人；高级职称_____人，中级职称_____人。

指导创业团队数_____个，其中：创业团队成功（持续6—42个月）数_____个，获取经济效益数额_____万元。

16. 学校专职创业管理人员_____人。

17. 学校的创业园区面积_____平方米；投入校园创业工作室硬件金额_____万元。校外其他可用的创业场地面积_____平方米，学校投入校外创业工作室设备金额_____万元。

18. 大学生同社会企业合作项目数_____个，创业学生数_____人。参与社会产业链活动紧密创业项目数_____个。专兼职创业专业指导教师获取合作创业项目数_____项。

19. 学校全年无偿投入的大学生创业资金（或基金）_____万元；学校全年获得社会无偿投入的大学生创业资金（或基金）_____万元；学校全年获得有偿资金（或基金）_____万元，其中投入大学生创业资金（或基金）数额_____万元。

20. 学校全年创业者自身投入资金（基金）_____万元。

21. 学校全年投入创业指导经费_____万元。

22. 学校全年投入创业教育经费_____万元。

23. 学校全年投入创业教育科研经费_____万元。

24. 学校全年各类总宣传次数_____次。

25. 学校全年创业宣传次数_____次。

26. 学校现有支持大学生创业政策中已具体落实的_____项。

27. 社会企业入驻创业园数_____个。

28. 企业与学校合作订单式培养学生数_____人。

29. 学校全年专业总课时数_____节，其中校外实践课时数_____节。创业总课时数_____节，创业实践课时数_____节，校外创业实践课时数_____节，行业企业兼职教师承担课时数_____节。

30. 校外实习基地_____个。参加校外实践基地学生人数_____人。

31. 全年学生服务社会项目数中，创业学生项目数_____个。

创业学生服务社会项目数_____个。

全年学生创业成果转化社会经济效益_____万元。

32. 学校涉及全面创业教育课程中，

涉及创业意识培养类课程_____门；

涉及创业品质培养类课程_____门；

涉及创业理论知识类课程_____门；

涉及创业实践能力培养类课程_____门。

学校实际在开设的创业教育课程_____门。

学校创业教育普及班的年课时_____节；

学校创业教育精英班的年课时_____节。

33. 学校全年毕业生总人数_____人，其中，自主创业学生_____人，参加创业教育人数占总人数的比例_____%。

34. 用人单位对毕业一年后学生的满意度_____%。

35. 学校生存型企业_____家；生存型创业企业的人数_____人。

36. 学校机会型创业企业_____家；机会型创业企业人数_____人。学校上一年度机会型创业企业_____家。

37. 学校上一年度创业企业_____家，创业人数_____人，创业企业产值_____万元。

38. 学校本年度新办小企业_____家；企业产值_____万元。

39. 学生创业，在过去12个月内关闭企业的比例_____%。

40. 学校大学生创业相关课程中，有关"创业商机"的独立教学模块课时数_____节。

41. 学校创业相关课程中，有关"创业模式创新"的独立教学模块课时数_____节。

42. 大学生利用所学的相同或相近专业创业的项目数_____个。

43. 生存型创业企业提供的就业岗位数_____个。

44. 生存型创业者中，硕士研究生以上_____个。本科_____个。高职高专_____个。高中、中专_____个。初中以下_____个。

45. 生存型创业者，24岁以下_____个。25—29岁_____个。30—34岁_____个。35—39岁_____个。40岁以上_____个。

46. 生存型创业公司的成长年限，0—1 年_____个。2—3 年_____个。4 年_____个。5 年_____个。6 年以上_____个。

47. 综合型创业企业提供的就业岗位数_____个。

48. 综合型创业者中，硕士研究生以上_____个。本科_____个。高职高专_____个。高中、中专_____个。初中以下_____个。

49. 综合型创业者，24 岁以下_____个。25—29 岁_____个。30—34 岁_____个。35—39 岁_____个。40 岁以上_____个。

50. 综合型创业公司的成长年限，0—1 年_____个。2—3 年_____个。4 年_____个。5 年_____个。6 年以上_____个。

51. 机会型创业企业提供的就业岗位数_____个。

52. 机会型创业者中，硕士研究生以上_____个。本科_____个。高职高专_____个。高中、中专_____个。初中以下_____个。

53. 机会型创业者，24 岁以下_____个。25—29 岁_____个。30—34 岁_____个。35—39 岁_____个。40 岁以上_____个。

54. 机会型创业公司的成长年限，0—1 年_____个。2—3 年_____个。4 年有_____个。5 年_____个。6 年以上_____个。

55. 采集冶炼类创业企业数_____个。移动转移类创业企业数_____个。顾客服务类创业企业数_____个。商业服务类创业企业数_____个。

56. 学校创业普及教育培训的程度是

A. □参加了整体系统培训；　　B. □参加过半系统培训；

C. □参与主体内容培训；　　D. □参与培训；

E. □培训不足。

57. 创业学院培训的程度是

A. □参加了整体系统培训；　　B. □参加过半系统培训；

C. □参与主体内容培训；　　D. □参与培训；

E. □培训不足。

58. 社会创业专业机构培训的程度是

A. □参加了整体系统培训；　　B. □参加过半系统培训；

C. □参与主体内容培训；　　D. □参与培训；

E. □培训不足。

	是	否	不确定
59. 学校是否建立对高成长型创业项目提供融资支持的制度	□	□	□
60. 学校是否对高成长型创业项目提供过融资支持	□	□	□
61. 学校是否对高成长型创业项目配备指导教师	□	□	□
62. 近一年内，学校是否开设过知识产权方面的相关课程	□	□	□
63. 近一年内，学校是否举办过知识产权方面的相关讲座	□	□	□
64. 对申请知识产权的大学生项目贵校有无专门的补助或奖励	□	□	□
65. 近一年内，学校是否开设过创业模式创新方面的相关课程	□	□	□
66. 近一年内，学校是否举办过创业模式创新方面的相关讲座	□	□	□
67. 创业园是否只考虑机会型创业项目入驻	□	□	□
68. 是否对入驻的大学生创业项目进行定期业绩评定	□	□	□
69. 是否建立了基于业绩的入驻大学生创业项目退园制度	□	□	□

	很同意	同意	一般	不同意	很不同意
70. 学校经常开展创业计划竞赛	☐	☐	☐	☐	☐
71. 学校经常开展创造发明活动	☐	☐	☐	☐	☐
72. 学校对业绩出色企业给予表彰和奖励	☐	☐	☐	☐	☐
73. 国家级政府扶持力度强	☐	☐	☐	☐	☐
74. 省级政府扶持力度强	☐	☐	☐	☐	☐
75. 市级政府扶持力度强	☐	☐	☐	☐	☐
76. 本校扶持力度强	☐	☐	☐	☐	☐

再次感谢您的帮助！